# Golf Word Games

Word Searches, Crosswords

and More

by Emily Jacobs

## How to use this book:

Every theme in this book has a word search puzzle. Words are vertical, horizontal, diagonal, forwards, and backwards.

Some themes have word scramble puzzles which can include more than one word scrambled together. The answers to the word scrambles are the list of words to be used in the word search puzzle. The list is on the next page. The list of words is (mostly) the same for both puzzles.

Test your knowledge with the crossword puzzles and matching trivia games!

The answers to the word searches, crosswords, and matching games are at the back of the book.

Work the puzzles for one theme at the same time, at a different time, or by a different person. Whichever puzzle type is your favorite you will enjoy being reminded of or starting a conversation about the different aspects of golf. These puzzles may cause you to want to play golf or plan a golf trip. If you put this book down to golf, it'll be here when you get back!

Find more entertaining books for all ages at

**www.booksworthbuying.top**

# Find more books by Emily Jacobs for your enjoyment:

## Sports Word Searches and Scrambles
Word Search and Word Scramble Puzzles
*All About Football*

## Sports Word Searches and Scrambles
Word Search and Word Scramble Puzzles
*All About Basketball*

## Sports Word Searches and Scrambles
Word Search and Word Scramble Puzzles
*All About Baseball*

## Sports Players from Pennsylvania
Famous Athletes Word Searches and Other Puzzles

## Sports Players from Virginia
Famous Athletes Word Searches and Other Puzzles

## Football Word Search and Other Puzzles
Football Players from Ohio 1920 - 2014

## Football Word Search and Other Puzzles
Football Players from California 1920-1990

# Football Word Search and Other Puzzles
Football Players from California 1991-2014

# Missouri Sports Figures
Word Search Puzzles and More about Missouri Athletes

# Word Search Fun with Football Players from California

# Enjoyable Geography Lessons
Word Searches About All 50 States and Their Symbols

# Arkansas Word Search – Word Search and Other Puzzles
About Arkansas Places and People

# Colorado Word Search – Word Search and Other Puzzles
About Colorado Places and People

# Missouri Word Search – Word Search and Other Puzzles
About Missouri Places and People

# Ohio and Its People
Ohio State Word Search Puzzles and more

# Pennsylvania Word Search – Word Search and Other Puzzles
About Pennsylvania Places and People

South Carolina Word Search – Word Search and Other Puzzles About South Carolina Places and People

Virginia Word Search – Word Search and Other Puzzles About Virginia Places and People

Washington Word Search – Word Search and Other Puzzles About Washington Places and People

Animal Word Search - Pet and Farm Animal Themed Word Search and Scramble Puzzles

Cars Then and Now - A Word Search Book about Cars (American and Foreign)

Cars Then and Now - A Word Search Book about Cars (American)

Cars Then and Now - A Word Search Book about Cars (Foreign)

Bible Word Search (Old and New Testament)

New Testament Word Search

Old Testament Word Search

Everything Woodworking – A Fun Word Search Book for
Woodworkers

Word Puzzle Fun for Fishermen – Word Searches,
Crosswords, and More

Food for Fun - A Food Themed Word Search and Word Scramble
Puzzle Book

Fun With Movies - Word Puzzles of Favorite Kid's Movies

Heroes in America – Word Search Puzzles of People
In Our History

Mandala Design Duets to Color
An Adult Coloring Book of Fun Mandala Patterns

Introducing You!
Self-Journal Questions to Get to Know Yourself

## And for the little ones in your life:

Letters and Animals Coloring Fun

# Puzzle Titles

# In Terms of Golf

RLPEIT GBEYO      _____

GPUEDGL EIL      _____

RDAGN LASM      _____

BAWNCIKSG      _____

CAE      _____

IHCP      _____

ERFO      _____

RJOMAS      _____

NUR      _____

OGEBY      _____

UFDF      _____

HOKO      _____

ANSOWMN      _____

INNONEIR      _____

SNTYO      _____

# In Terms of Golf

```
              E M R B Z L W P Q G
            D X S I U C A O A L P F V L J O
          H E T P Y C U U C L X D O J H O B T T E
          V O C N P N Q B W K A Z K W W Q L N I J V F
        D Z U Z Q G M U H X V S C A R D N X C S X Q D D B O
        R I B O R X D Y X O T F W X V E I T D Y Q H Q J M Q G B
      R X L M P C T K R H Z L J I A B T A Z U X A T Q Q K X D D K
    C Z E O J K B W G F N A R D N G X M L T Y D U M Q M Z U B D K D
    M I I Q Z U C F W K V Z X T G G L H N W X G R K G M G W B D G W
    I W K B O G W U R T Q C V V N C G V H K C V K P H E A F G A V E Z F
  Q E I U K Z T K C O E S M J T G Q A X E Z P W B W U C Y N A I O H A Q S
  A F C K X I O C J X D C V N A M W O N S C D J A M G X V W V W J K K O A
  Z V O Y A I O L K W B P T Y Y M N K Q S C P Z I R T H T Q D G F D M S V R N
  Y Z S Y B H T U T V T M I C D O V Z S J R W Z Q U I C L E E S B G F U E S M
  S Z T V J U P R R W X W H M U Q C Q B Y X Z F Y U G V N T U A A E T Q Y D Z
  F B N Y K C G Z R I T P F S O Q B A Q R S B M V T W V E V R H O Y S E A Y D P X
  M J X J R C M S Q P R L X W Q C Z V L A O V J D B S H V W P A E B O V S M S G K
  Q P U A K N J A A L Z Q X Q N R F B A Y R L C A U C O R H R H X Q C H Z S M Y R
  L F G F J D A L H E V I F I Y C P D C R N M T F V V D H I F Z X L E U J D E Q Y
  R N N V Y K W G Q B J B H Y Y B A U A I V O W I L R B S Z B B T L T B J M U D K
  Z T K A A G V G K O T D O L I F Y X M M R D T T C L A Q Q I G D Z K E O R M F I
  P L L L X H K Y W G Q I T A Q A O C X U N H Z S C Q E R X D Q E Y V K V E D O F
  K A I H E R S A W E C H D M A L S D N A R G D V I S F O W I Z C B I P O H M U H
  H W V F O F K C L Y X S K O K H I V T Z E T J I R U I R W H V F E X S M G U U M
  B G J Z A B X G X T O X J R X V L V J H L N T I L C S V L P Q Z C X V Y T L K Q
  F K E A F Z Q C P O M P F W G L G Y V D N V V L H N V K T H E T K M E F O T
  G W E G E R X U E Q G X O K O C Q V F P S H D P W A I D T C L C A F G L R W
  D S U M Q C G R S K G A C J V X F I L L V K F G Q G U C Z S C I P Q O P H H
    Q S I O S O E N W F Z G M A P Z U D P B F D I D M L A U I V F F V B K D
    G E R V F W R O I P I U Z C P G L K W W B X S W Z H Q N A M O F B V C K
      I P O P C U R I S O A K K G O M M L L D H I F W P N L B Y M G Q Y Z
      V F Z J T L I H T I H K E I E C E G X A J R H X R Y Q H G D Z I Z C
        V U X A E E X J Q X D U C O G X R J P N I V E J E J H C F D I O
        M R E M N O W A L P R J B Y T P V S R P B W E B B U X A D J
          F Q V I C Q I C Y I D M Q I T Q S B Z H C A D F Y Y S S
          H L N Q E Y D R H H X K N C U C V W B F W X H F F E
            E R B N Z M F S T C I V F X A X C D A J N J I Z
              L Y Z V S T Q W L N S H P G B M C I C A
                X P C M T I A L U C G L K Y Z B
                  X Y R R P T I R W G
```

## WORD LIST:

| | | | |
|---|---|---|---|
| ACE | DUFF | MAJORS | SNOWMAN |
| BACK SWING | FORE | NINE IRON | STONY |
| BOGEY | GRAND SLAM | PLUGGED LIE | TRIPLE BOGEY |
| CHIP | HOOK | RUN | |

# In Terms of Golf Too

FLWOOL ORHUHGT

_____

ANABNA ALLB     _____

DLEOBU YBGEO     _____

BNECOU ABCK     _____

ERENG     _____

ARP     _____

AITNP     _____

IRA OTSH     _____

KHNUC     _____

ARMRKE     _____

RPHMIS     _____

AGEEL     _____

RAWD     _____

PLKNU     _____

URKTEY     _____

# In Terms of Golf Too

```
        S H G D K I                              K E D C N G
      P D Y D G M P B U                        U P T T H N O J U
      V R A S Z K X X J N L                    I N O M U U G O V N C
      E K C G J V I L L E W G R                A A U H Y I L X Z V D R L
    I J D U N K F T C M A R K E R              Y O F R Y P J R F I E P Y F S
    Y N E V J T O U T N G J O J A              N Y V C K Q E D H K X A D T H
  V T G W V R H Y Q S Z L Y H V A K          A K P D B O C Y M D S V H S M Z D
  G C G N B S O R M U Z E S W W K R Q        Q E F C K I Z J I Z O X G K S S F W
  J A Z X R I N D G A S L U J M U J R H G U O R H T W O L L O F E M H Y C G
  K J Q I Z V S E I O C J O G D Y X W H S T E K M V H J R E S Y Y B I W I T
  Z V A V U H F A N M L D F H M R R S J E D Y X Y S P G A L T M P H C D T L
  W A X U W J W T K Q L K D G G H T Q I D E F C O U A J J T A M M X M E G
  H R M L W X X R Z I A I C U X K J E T L F M T C P I H Z V E A P F T V O B
  L A N Y F W W X W Y M X G A D S Y V G R B A K Y N K X E B B L U I V L J B
  T P O K K R N Y M J Q B D U B E P A C B T C Q Y D N P R D L C Q P N D I H
    Q J W O R W R B P F F F A K E X T B J L Q M V O P Y X A T I H Q Q R E
    H A Q A O J O C I X R S R S X C I P C N X X H G R A B K Q L V J D B A
    V E J Q O D Z B X Z W U P V P T N Q W A Y X V M X A I V G L U F S R I
      T C Z O V E R E V T Q K P V T E U R T N X Y L N X N D D K Y A C F
      U W L G J U V E N A N M W Q X C A O S O V L A Y O M R V N N Z C Y
      J N U U E V V Q E C Z S E T J K N B Y M N Q N G E N Z U P X D
      J P L U N K R O Z R A A M K G N R A P A M T F C B C Q W K J N
        O E X F Y D N Y B V Y J A F U T J B H W U X G P B V X L U
        B C R I D N J C L I O P X N H R J E I B A F C O P B O C F
        H M O R O O M V G Y I H N C H W D N B T J C S I J D P
        K K G A U G B H I D W C W L Y M S J S S J E H D Z
        P R D F T B Q K R S B N C X V V U X E O L K E Q N
          T L I I H L A B F Q G G H J O C A Y H A F X P
          H U U X W E I S T W S U H W B N E E R G I
          L N M X L B A V J M U J V Q A F P B L
            O Y L F F O N O K U L L V J L E W
            W M I I N G Y S F N U B O M R
              I D F Q T E H K D L A I Q
              G G J K T Y W C X B V
              Z I W F F S A T V
              U P J X J O Q
              S Z H M J
              O M B
              Y
```

## WORD LIST:

| | | | |
|---|---|---|---|
| AIR SHOT | DOUBLE BOGEY | GREEN | SHRIMP |
| BANANA BALL | DRAW | MARKER | TAP IN |
| BOUNCE BACK | EAGLE | PAR | TURKEY |
| CHUNK | FOLLOW THROUGH | PLUNK | |

# The Words of Golfers

TPFEECR ORNDU   _____

DUBELO ELEAG   _____

RMWO BRURNE   _____

ERCCOKBEMA   _____

BRNUKE   _____

EVNE   _____

SNKAH   _____

POPPU   _____

IEIRDB   _____

ECKARH   _____

EET   _____

SRBLAATSO   _____

ICRENHFE   _____

AMHTC AYLP   _____

SRTOH GMEA   _____

# The Words of Golfers

```
                        P
                        P O
                        L M C
                      K K P D F
                      C P O P A M
                    B U O T C O P M
                    W P R F V J M J G K
                    O A R Y D S V Z D F P
                  P A U F A F K S R Q A L T
                  E R R G X F V S V J H I G E
                B W U U A C I R O I R L Y V C M
                R I O Z E X M X R S V B E N T C F
              J E G U R W F I J T I I N T U N G N H
              F G W N K M P B E A A D X Z A Z Z B T L
            D I S P O M S B H Q B N J P V Z O Y D F D T
            G M V T F S O E U B L M T Y H F D H T Q S P N
          P R M U K U K M Q Z R A T K X I G P A K I A I M S
          G X O R J Q A J B B E N T X V H N F H F B A L Q P I
        N T R R T U G U K G V N L E D D N R S R L E K D D N D H
        U M P E N T X F W K G F T N R D A S U K C C V P F T Z V V
      B J G H T R R E K C A B E M O C T G Y G B L Q U T O E D T X N
      I S R I O U Y K A G L J V S W R B J O N I J E E I W T C F K E L
    F X E H H N D G G Z K T Z Y V G X I O Q S R A M Z U P Z Y I U P Q W
    F H N S A P M T T R U L T U E W Z Z Z C H D J P L Q T F N A U M C Q J
  R Y A Y L Z N L V I T O G O L T A U O K O R I S T S J P V C K W B K U W U
  E E E T G T A K P A W G P P U J B U T V R R E X F X I Y A L P H C T A M U P
  C A B M N A D C U Z W O F O E Q H E C P M H G M C O B Y Z V Z Q N E D Z C O X I
                        R
                        F
                        E
  W J T X O A Q A E I B V V C C J G O T U N F Q E C W P L T W U P N B M P B Y O W
    K B X S S U V B G P Q I G T T H N N M X E R E C I N J Q H R Q L W W B F L Z
    D J C Y L H M X Q F E T H R K C W D R H B J L I L Q N A Y R B G F K F R B S
      S H Q E L G A E E L B U O D I N F A B H H X M H U V U E F I P M W C B X
      B Z K U V P Q X C B U I U F C N C Z Q N J N A Z C S K F B O Q E X A W V
        B R L B H T N Q C C V N M B K S F I Q K E T E F N U I Q E F Z T O Z
        K D S G H W A G S X M D M E P U O Z W J F E V U F E D G C H Y E H O
          W R M P A P M Y K Y K R H S N N G Z R C A B S Y C R D D V P E D
          U W B X P V Z O K P A F J E M G O O H I M A D P N Q F F I P F T
```

## WORD LIST:

| | | | |
|---|---|---|---|
| ALBATROSS | DOUBLE EAGLE | MATCH PLAY | SHORT GAME |
| BIRDIE | EVEN | PERFECT ROUND | TEE |
| BUNKER | FRENCHIE | POP UP | WORM BURNER |
| COME BACKER | HACKER | SHANK | |

# The Words of Golfers Too

TCHIP RAKM        _____

ANTTED        _____

ORCDNO        _____

FRNOT NIEN        _____

MLAED LPAY        _____

OLES        _____

DEDIAC        _____

EADF        _____

AJB        _____

TTUP        _____

SPIY        _____

ALSBT        _____

EDRIV        _____

IPCAAHND        _____

RETIG MSLA        _____

# The Words of Golfers Too

```
                              A
                            J P G
                          F X O Z W
                        U H Z B O U S
                      J W T Y Q Q W F E
                    D P A B A C R J U A T
                  H U Y E K H J P R M U T C
                K X Z A U D V H L Z Q A E J R
              T D U L L T X C V Q P J H L J Y A
            P B Y Y I P W S P E H L T M D S T E R
          A F F S S M L J O V L W F K S F X R X F V
        M W K F W O F A T D A I N Q H G Y N N E Q U S
      E Z Y F W Y M L D V Z T Z V G D P I D D Z G K V Z
    F W Z Q F G V H F E W P X H I M Q B P F R N C I K X P
  J M V K U M U R J E M E D Q I C Y Y J S E E O I C T L F K
  R Z I Y N I O R J E A R V J V H V R O B W P N G A U X H F F A
M H D Z D O T Y B X J E C F B Q B I Q O E B D T I W M N A F A D E
P H Y R D P W O S I N O B F T F X T X D K N O J F K W O G N Y O S W T
Y R E V I R D W Y N O Z U N F K V P Y Q B E R X F G Y I V Y D Y Q W G L I
    F D K G D           D T L Y G           C P M I Q
    P E A H V           A L I B E           I A J C B
    G N F F P           Z J R O T           P F V A G
    K I E G U           A L I Q F           P B E P C
    N N X Q N           B H V P X           D B V Q J
    A T X G U           Z D T I W           E B Y I H
    C N W O S T X V M V E B E K A F Q U B O A G V P Z H J
    U O I O C S F V I C Q I L H S N R D M L C Q O E F I Y
    H R A M C J J G J K Z A N U M C A D D I E T D H H K Y
    R F C O L N N D V O C Q O Z M B T D J B K M T L Q B Z
    Y D P M E           B W G X Z M W Y B L L D U J K P
    W R V O L           A A I B J T E           T P D B
    C A J Z O           G X J N B U Z           B Y N M
    E B R P L           M A T L F Y S           L S E X
    D T S P S           S L A C H O P           O Q T M
    I M Z J F           J S E T R O F           A J T G
    Y I V Y Q Y N D M O L T N S T E E B     Q   I T A V
    S Z Z L K B V A N E L K N O P P D F           C G E I
    I N C I L L K P K R A M H C T I P E           M T G J
    E E J N P A D Y F A Z P V Y I Q R U           J C V Z
    W S C Y A L U X G J X Q O N B A A G           T C G L
```

## WORD LIST:

| | | | |
|---|---|---|---|
| ATTEND | DRIVE | JAB | SOLE |
| BLAST | FADE | MEDAL PLAY | TIGER SLAM |
| CADDIE | FRONT NINE | PITCH MARK | YIPS |
| CONDOR | HANDICAP | PUTT | |

# More Words of Golfers

DEGOLI CNBEOU  _____

AYLP RUHOGHT  _____

BLNID  _____

UCKD HOOK  _____

YHDNSA  _____

ETO  _____

KBCA NENI  _____

ODTIV  _____

NIGUMALL  _____

PNSA  _____

RRACY  _____

RIFAYAW  _____

GAL  _____

GUORH  _____

EAGLWG  _____

# More Words of Golfers

```
                        T
                      F S W
                    A K I B X
                  N X F O M Z P
                D X Q R C O O A E
              R L Y I M H M H P M K
            Q Y Z F H E Y O T K K W C
          L S L L F E E W D K V C W O A
        O D D D O G Y I U Y V W H U B R J
      U N R J Y S E I A W N M J N E D P L F
    E A B P I S B C J Q K S B V P S L L O B B
  F H Z J L F H U N L F I B J G Y Q N M M M L O
P K V F Q D I N W U Z S Q B V B A C K N I N E J X
X R M J G Y J G N L O X R V W O Y V D Q N H N D C F R
J F H M P X U M N M D B E X A L D A G N Q K Q U C S H U A
O G E B X S R J A R E E V G E V M M C O M D N C O G V T J L
R H R E H W P C G A U K C I B Q R V T I I J N A N E U S O Z N N S
R Z T N N M P A I X J U T B D M U K Q X F W X V U D O V R N G I Q M M
R H T O V I D P L G L G X N S L O W I W H M F A B J R X P Z X E E T L E F
R C I I I Z G L L X O H I F G A O C D U Z J M D W G H F J X W W T L E A R S C
U E T H I P U F W W S V F T B G N K N W Z L W B T G O E I V F H L P Y G T
O L Z W M N O G I Z C A A X S V I F T Z U N Y H Y L N A P S Y D R F M
M Y M G C P V M M F T Z A P J J T H C M A E G T J E G G X Y R F P
P N U P L G Q Q W M E S Y D H B Z F L K G U L V N N K N A P U
L A G S B Q O I R F D E W M C P P O D O O W V B K N C R J
B Q V H T W Q Z A Q E N V R V O K S H R V R K O J P L
E J J T B E B X J W O T Y F N O T N O L H I Z P T
M H S J R J D D V M T T T U V Q B U U M D T H
D V R Y A W R I A F X D F I U M U K A E P
J V Z O S K Z F Q S D L J O O Z V V G
L H Q X G E Q Z A S G G A W D A A
T D S B I O L S R X T L L V Y
A M G L E L X A Q V R R O
C F A O B Q S X R K L
L E L B P D Q F Q
H X K J J Z J
T O B J O
S H A
C
```

## WORD LIST:

| | | | |
|---|---|---|---|
| BACK NINE | DUCK HOOK | LAG | SPAN |
| BLIND | FAIRWAY | MULLIGAN | TOE |
| CARRY | GOLDIE BOUNCE | PLAY THROUGH | WAGGLE |
| DIVOT | HANDSY | ROUGH | |

# Great Golf Courses

To save space, words such as "golf club", "country club" and "resort" are not used.

```
U V T E V W T D U W N P X A T Z W D A X A G V Y Q J U B O A G M X J D X L U M N
D E H H R G E Z O S Q N U M E V R E S E R P L L A H H C T O C S B F H D Y L Z T
L K Z P T K V L Z D G X Q X U D J M I T M X K D E W P G J V B K V P W H Y U Q V
Q B R Y B O F Y K Z H N V K Q L Q L C O L J N F S Y H E F J T U B B W W J F G M
A W E L W D A P K L B Z F X R W N O Y K J Q V H G Z K T M A P O F Z P Q Q I D V
F Y T Z A D N X G V Y U Q E Y N Z X G G U L S H L R N D K A U P V J J I I J T Y
U R O N N L F R Z O T D I W U M P L C V Q S J W Z A O H L W N V B T A P P W W S
J C C N F H S J B T L W U J R O Y C G P Y Y G K K B M B I C Q V E P N V Y B I I
A E R O W M Z G P E O F P K R J F Q M N A Y O Q N L J J L T T S O M I N U P P S
R R A F I R P Y E X L A C P S W T E D O B P O A L Q P A G B K C G J L O X O B B
U G X C H C Y P N G V V U L V Z E P S R S V E N Q D Y G Y X K E S H X I S G L U
I L K V S L I Y C P Q W L Y U T B G J L E F E C F D H Y U F R A U S G C B A T A
H Z Y G X C O R P X I A C F R B U U X J M S V H Z K K A M N I R Q H S O C G S C
N Y Q Z K R H W E E Z T U D A H A M Z N A L T A F H E E G W R Y Z Z K K Z U U D
O G A U X B C T M W I O P X V I B T O L J U L X Q O H V W U H S R H S Y I Z B N
Y X Q H F G S K N I L M R A F S B P N B T S N J F U R Z V I K R J T I K P T F L
K N J V C G E L N R X Y W C D R W Z N O S E Q V B R O T I L P L O M M W M V S K
E N R S C T T U J V G V E O O V M K K D R O L T O K G J K Y C N D B Y Q S T A E
T O D M N T K I H D N C O L G E T B T D F T A D Z U K G B M E M Z L L H M M D B
H Q Q D S S S C P R A W J X L G V F N U D P H M H Q R J V B N G N B A A D S V L
C I M C M U P C X G Y H H D I A B F L E H K Y H W J I B P O B C S K G E A S I L
A Y V V R Z V N O R K Z H T H K V G A B C U W P A O F D Z A C D U A O R H C B E
E X U A Q R J T U J N W J N T S I I F Y N G K W S M L O N E L R L A J Q O X J W
B E N N K L S B F S I H G Y U P Y Z A H Z Y N B X F P U G W O R M T X V X D Y U
E Q H S U B R K W J G E E W W F W S B J A F P A L P Y T N Q J O A G W N T S D Y
C P V Z H E J F P D Q C D H A Q A Z E W O Z Y W L X H U O W C Y C C W X L S T D
N M T B T A B J O T S F P G L U D S O Z O O C L O X J K B N Q I A E R U Q U E V
I O G N H L P E Q J S S K K D D R A H C R O L L A W E N O T S C T N M S Y K O W
R X A H M U B B M J S W A S O H F X S T Y E O C W S I Y F H Y O A U J I U R T B
P C G R L K U W E D I C R S R M O M C P J H R D O B C Y U K B P W F E C L Z O Z
D S W B H K K T A P B F G L F M V V R C S R T K E N Q Z R J O T A Q R G B O O Z
N C C R I I X N M R T I P S A I G T K Y Y C D F P H E H C L Y L L B L Z C B L L
A L I N T F U W Y R A C G B S X X Q H P V K D H K J G W E Q K E E R C S S O R C
G D Q X I I D S A G A I S Z T I P A C C N R C I N D F C C I B P G Y L I L Q J U
N E A R J A C N O T I Y V H O B A W L Z N G C L H U R J V O M O E F P Z I R Q O
I T S O I Q Q P J H C L C A R Q N G Q Y L Y M A H E A R E A U J N Q A X O C F X
K R V B H U O U F M X E V B I X R D S N B R R V E M Y O V O N R D R I S G G F H
Y T G X I U H H N K S L E H A R G M Q P G J L K H F V Z V A E X S S E E S T O T
C E T L U M Z M E S N U K Q J L C W X V G H N H E S U C Y Q V C D E K W G N P D
B J O L M P L M I H T L Z R N Y U M B S N H W M O L M A F D R M J U A N D W S C
```

## WORD LIST:

AVIARA
BLACKSTONE
CANTERBURY WOODS
CROSS CREEK
FARMLINKS
GOLF CLUB AT NORTH HAMPTON
KING AND PRINCE BEACH
MACATAWA LEGENDS
NEW COURSE

OJAI VALLEY
POLE CREEK
SCOTCH HALL PRESERVE
ST JAMES BAY
STONEWALL ORCHARD
TRANQUILO
WALDORF ASTORIA
WOLFDANCER

# Great Golf Courses Too

To save space, words such as "golf club", "country club" and "resort" are not used.

```
                              Y T W
                              O E L J
                               O L Z B
                                O L V V
                                D W A W
        M Q A K X X Z           L J D V            G C E L T F S Y
        H B K P E S T Z C   K B C L Z D J   F X T W R Q Y Q P R
        C K A R C C M M A C L V O O S T D R Z F I C M R D Y B J L P
        Q D G U E N V G B K B J X O A T A X N O A X O I M K P G R B N D
        Q T G R R R V S D J A X V E G A W T D B F D B S L K P A D W H D
      W O V V Q A Z U X U C X K O R Z D N L U T I D A D S T L L Q J X Q E
      B O R B K C I N Y K N P A O R M F I U E T V X R E E M O L L M U W I Y W
      L T B D R P M K D J B M D V H A X U G U C Y E I Z B V C D A J I B T B Z
      O G R A R O M C G B G U Z O M V S M J Y T D W L U N E L N F C P B Q N O
    S Z Y M A U I M X M Y E B U D R S O W C G A Y H X L X X W G I I G D H S S F
    B N G T N B H J H R J W A U Q Z P T F U M N X M Q M I N J I F E U X T L B X
    G V T T E Z T D A A C M P R M C F C X O P S Z Z X N D H C C F K W Q Y F I A
  J I C A T Q B F Q G Z O O S R S Q S O V L I T S L C K X K S Y O K Q Q F Z E T P
  G N I F P F S N P K Y U E Z Y W K K Q G Z X R E M Z R V L Y M U L U V X D Y D D
  V N R C J E I T T V V E O Q K W P Z B P H N E L E P A U N G O A Z M O A K N Y R
  Q J J I G K E M F D K J L T Z Z Y X W M B U L C Y H P O R T Z O R S B J E A E Z
  V F E J I M T P I P Z I I L R H M F P K V L R H W S O D M I M X L G W L V I T K
  Y P C P L L W J B T L B V K A X G V I M X K I Z M Z Q J O Z B S C E B G T T N I
  N E B M L G I P X S T D S J X V S G D W V T R D Q F F S L F M V B U V N E T H H
  L X S N H D N Q X B W I J N Z N N Q N H Z W Q S P Z V R I H I Y K M O E H H Z P
  H A G H B C L I M P A N E R X Z S W D W F D K P Q B J U E X J J N R T U P P V F
  Z H N E X P A H D P Z L V R D R L T O C E V F C S E P L A M H P F H M W U E C H
  L X R R B H K K E N H A Y I D P I W I T O F G D E S T C L V L A U I L O L B W Z
    Q E J W A E T K W A G Y K S G N I R P S E R A W A L E D K R A Y Y Y R X R N
    U S D C X S X A F C L Z Y H R E R M Y X S A T C B Y G O A O V P U B M H T E
    E U G S R O F I Z T P S G E Z V N Q S K S A O U Q L X G I G Q Y G O Y I I R
      G L U T D Z L T T U X R T Z O O I B A S P R T O P A T E L N S N T O V H
      H G B H Z M W M D J J K E L M A P W X E C U B T I M O E N F T H S N M L
      V F Y V Z R Y C O S S S T F B P C E N B N J N N E Y O A M K W T G R
        F V Q R W B M X D X B Z N Z X K R R G U F G S M C C S N Y F L N N
        Y H I U Y P X G H H M W R U K Z B E A F W R K H Y L U P T Y I A
          O V D B S U F J L G Q T N G M S D A S E W A I L O O W P N J J
          M S A X G K O O R B R A D E C Z L J D L L Y Y C S Q K D A C
            X D P Q Z   H J J A N C E O I S P H X   P E R H I Y
                        B C R K J X C W Z V W
```

## WORD LIST:

| | | | |
|---|---|---|---|
| BEDFORD VALLEY | GRAND BEAR | PALMER | SUN MOUNTAIN |
| BRASSTOWN VALLEY | GUNTERS LANDING | RAMS HILL | TROPHY CLUB |
| CEDARBROOK | MADERAS | SEWAILO | TWIN LAKES |
| DELAWARE SPRINGS | NIAGARA FRONTIER | STADIUM | WILDERNESS |

# More Great Golf Courses

To save space, words such as "golf club", "country club" and "resort" are not used.

```
          J R B U F X                           Z I W N I N
        K S T Z J W S J Q A                   H T X R B O I T W E
      H K F Z M B N L W P B J                 I X M V O W U H A B J T
      P P C R S J M F G O N Y H             L K S J T Y Y V Y R T G Y
      E F X G V J E Z F C K A L             Y G S D F A D O N N D N P
      X V A Z X D P Z A J Y M N             N C M M E L W D E O R V U
    C K F Y   S E S F Y H T Y X P Z X       D O U H N H F M R Y W X     O Q D L
    L E E E L Q   X R M L U A M F Z X Q     J Z C C U Y F T C C A     E U M R I T
    L W E X T I Y P E R U C K W T G G M      K C E H E L B X P P W C F U G W H Q
  S B N R X V J L L X C A W O T C O M F      V S D U R A B O M O U P G T C R O L L
  D D C C Z N S C V A F K D H F A L A M      Y H C V L N A W G P N B T E H J K N H
  E B Z K X J A H F W I H N O O M B Z W      U L K F H D Z H S U P C K S V B S Z S
  U M M A S M C H T F K L N R S U S L H      C B B I Q S A A T V K W O B C I S L A
  V T V O P C K Q J U Y A W A E D I H Y      J K O O W B H G C G V X N C E P B U E
  D W Q E H X Q G S L S G V Z T O L P I R    F N Y H V I J G W G F J T Y H C R E R E
  D O K Q P M Y T M K W V I H X P T O L S    P W O L L O H K W A H Z F H Z P I W
  N I E L P E U X V X Y F U O W T S H F A    J I H V M J U F O J B F S W D P C O
    J P C V Q D Y R F V N J O E H W U A Y    N U E K S G X Q C W A H T F A W Z
      J J C D C C N J E Y R U U V A R Q E    H O G Y W F Z Z I C K D Y E A
              V L S C L J N P A I B U
            S U D K R O B X T D T O
      B J A V B O G X I F H T W K K Y W T    Z F U A A G M K N I U D F H L U
    Q F G C E Q J T E T F R C E W N H R W    C T N Y H N D E L R G A E B R B G
  E H C O V H U G Z Q X G J C L A T U U G    M P T N Z L D G M V G V J B Y L F L
  H S X C X E W K A Y Z P M I C M I Z H J    R S V K U O S N I B Q H I D S A G H
  O U A T I H D L P S X Y J M R U E A G L E B R O O K E Z Y A C G Q A K L C K L V
  U V O G R S A W X X T I Q E L F X M P      R Z M M S J O W E L V P L Z S K Q Z O
  G S X V N K H W D F H E P X G C T F P      T M R X E W W K T D Y V C S M H P E P
  Z F I C G C C U J F M P F Q K Y E I D      K K U R B O O H X N T R H E O O R L D
  B Z D Z D Y O D M J O A M E D Q N T F      O L V J E L K L C I B P A U K R A Y U
  U W T R X O Y P B C Y N X V H E Q J N      T G V Z K F A A W Q F X H M W S J G M
  R G O C M C P T P D N L C B Y W O S        C C A Q X V K L S Q M H Q V T E E R
  K M Y N P K   L M S T Z A G T O X E        T E T A G E N O T S S   S Y B F O
    Y X E L   S L L I H R E L D N A C        V Y M P N Q U T P L J U   X V Q
        Q M K W U R E T A J R A M            U K P Y B V P S I V S D O
        C Q H X E R H C B W S M G            J Y V E R P A L O S H E I
        F E U N C A E X Y L N P H            Q O P W U S Z M E G O F K
        B Y S U I W Y F H H F A              T H Q N X H M J S B H B
          L T D X W C A U H R                  I P F T D M E M N Q
            M E N S Q L                          G R L W T J
```

## WORD LIST:

| | | | |
|---|---|---|---|
| BLACK HORSE | HAWK HOLLOW | ROYAL HYLANDS | WOLF |
| CANDLER HILLS | HIDEAWAY | SNOW MOUNTAIN | YOCHA DEHE |
| COPPER CANYON | MARYLAND NATIONAL | STONEGATE | |
| EAGLEBROOKE | OAK CREEK | TPC | |
| EL CAMPEON | PINE BARRENS | VERRADO | |

# Golf Brands Then and Now

ENRVE MCMIOSREPO

_____

TEAMRAYOLD     _____

IMANODD HCTOU     _____

OYBBB SONEJ     _____

UIAISSBTMH     _____

UAGGE NDSGEI     _____

CALDELVEN     _____

NWILSO     _____

AESTCNRO     _____

INCPNAEL     _____

ZJZA     _____

SODEYYS     _____

DSMAA     _____

IPOFTELT     _____

POIPH     _____

# Golf Brands Then and Now

To save space, the word "golf" is not used.

```
            A H P M X O A N O Y
          C P G E P U L K C S B Y W I O F
        G A U G E D E S I G N R Q I G D K U M R
      F K G F U L K R F W Q G U P Y H Y T D W O O
    V G N I Z N T I G F C O F J Z Z F K S O G P L Q H N
  X V P D C J V L Y B O J U Y H Y R O I K U W A E X Y P R
  Y H Y F I C T H E U I H D Y E C H X B P O A S Z B I U T J J
  R C U B D Q D T L H M R F A K L U L C A B X G J T O D X X O F B
  H J S H I P P O        N M A W E X Z O        V I X M O A J W
  J D H S L T I E T      O C G H L V B G        O C M H L O W F L
X J T L Z Y C U U I      S L Z E I B O L        K I W A U E D H T K
  L I W E T Z H E N L    W W H B Y X B P        D E W E D J X C O F
M G Q G T Y A N I G P    J B U J G N I Z        L F X C I I U U P W I
C X W L F N O A C P P    Y R O R U H F O        W Q X H W X Q O P O Q
W R A U H S U A R P B    T N G A K J X B        C R D G G X H T G H Q
Z M D I H L D E H X K N  E R U J Z F W J        L X I Q Q L J D C S B E
N E Y N I B R F W P V T E H X S G Z O L T R A S G Y P V A M P H S Y I N T S L F
F J K W A A A P J M M H T L D R K F M M U X O Y S R E E A T V B U L W O S P K W
D A Q J V L M L U Y P Z V Q I I Q Q Y E V H K G L U Q S G M B X S F V M P D F B
G Z E G T T E K M R M C D I I I Y M T F R A J J N I J H S Q A M J X I A M X R Y
X Z Q P I Q C V O C P C U H U K U R M S A C G J B V J C F Y A A V O J I O C W R
Z T O P F L I T E A Q R A D A D Z D Z X O I H H M Y H T Y D D S U I F D D W J F
Y R Z M U F M F X L F O R H N D Y B K R C O E J L R A E A M Z O P C W N T D Z C
U H Y W O I   D R X C Q J I N J A R K H T I N F S T F H Y Q L R V   Z A W P O M
B P T Z F O   Z H X N O X R Q C F G B E R W M G U U A W P J S E F   A O I Y A J
  Z P A F F     Y Q T G T T P I E S I M O R P M O C R E V E N J     M N S Y B
  V I O Y Z       A M I K H G O A Q L H F W Y G C D E H X K S       N N M P C
M M M C L E                                                      A W M W S M
  N G X U O                                                      C Y Q K M S
  A Z L K O R                                                    L E N W N W S
    K A P V H M                                                  E D L D N K W
    X A W E B K A                                                C E T R A N O S
    S H Z F B Y D N E M I Q N Y U X B A E S P Q Y P J S L U J T P R
      P T R Q H Y E L Y R A D M N A K Q V N L M N J G D C B V U L
        J L F A E T W M V T G T A N V E N U P B K O W A Q I N J
          N G O H X A Y N Y B X U O G W T A K A J P K B Z Y S
            Y X I V B C R R N M H K Z D N C D Q W S K Y H M
              C H F L A Y L B R N T X I F Y U H N C T
                J G U G C T I V Y Y V O H U Y E Y
                  I N Z D I Z O S F T
```

## WORD LIST:

| | | | |
|---|---|---|---|
| ADAMS | GAUGE DESIGN | MITSUSHIBA | SONARTEC |
| BOBBY JONES | HIPPO | NEVER COMPROMISE | TAYLORMADE |
| CLEVELAND | JAZZ | ODYSSEY | TOP FLITE |
| DIAMOND TOUCH | KZG | PINNACLE | WILSON |

# More Golf Brands Then and Now

OLGF ECRSEHAR NI YAPL

_____

ETASAR SSTOPR

_____

EQRUAS WTO

_____

RNIGBSDTEEO

_____

ARCOB

_____

LOGDEG GHIRT

_____

OEYNX

_____

SEULLIVOLI

_____

ANOMH

_____

OURT DEGE

_____

PEECTRP

_____

SCKOA

_____

RMALORI

_____

AMIRU

_____

HMATSO

_____

NECTKNI

_____

# More Golf Brands Then and Now

To save space, the word "golf" is not used.

```
                                                              O Z E W S F H
    R B F X F W X                                             G S O W W Q I F
      E Z K J U E H                                           O F N S F R U U O
        F O A R U V P                                         F C I X P P M A E L
          P T Y V R P H                                     J T C G E O V H R D C
            L R Y J W S Y                                   T S K Y Z E R A P E R S
              O H K Z D J Q                                 K U E L L T X A A L T O Y
                U L W D L W R                               P H N R Q Y I W Z F C W K
                  I J Y W H D Y                           V U T D E D O G L E G I O
                    S J J H H G N                         U Y V P Z I Z L A V K X M
                      V M B B W M X                   H B Z D Q F R I G N S K W
                        I E A B A D R               S K Q C T J X C T D S B Z
                          L R I R D Q D           A D U J J P F X N E U R A
                            L B U C T Q F     M K H B X E R F C F H R G
                              E I P T W H O X P A B U N H J U J V A
                                M N G Z H O R O L A C L I Y R N A
                                  C A T W L N C A Z S I U V L D
                                    D R Q K O M W Y H N Q E V
                                  O H B A T M Y A N H E T H
                                M D P R M J H N R T Q G H
                              Y T W C I F C Y F E R H D
                            F A D V G D O K H J A F G E L
                          N L N S Q R G Y I G M E E G R D P
                        B E A Y X E Z E A E I J R C R U L R F
                      V C F B E B W R S H L Y T   U W O H U X E
                    N I O A O U G E V T R N V     O T J N C E W
                  I P L B B B V A I I O A P       J W I O F N Z
                O G C I D A T T E G L N Z         X O M C O O W
              N C K R G T P E C E R P E           F C J P O Y Y
                I B F C T R F L                   A O C C Q E O
                  X P V T S M K                   P V S K R W Y
                V       E V C P                   O A E O W Y P
              Z         W X V                     K P R F S U L
      L E H S A L V     I S                       Q E B M F J M
        E M O R D M     T                           O C F V K H
          E Y B N R                                   C F B E R
            O D J                                     W D Q N
            C C V                                     H U S
              C O H                                     D E
                H                                         U
```

## WORD LIST:

| | | | |
|---|---|---|---|
| ASERTA | GRIP | MIURA | SQUARE TWO |
| BRIDGESTONE | HONMA | NICKENT | THOMAS |
| COBRA | KASCO | ORLIMAR | TOUR EDGE |
| DOGLEG | LOUISVILLE | PRECEPT | YONEX |

# And More Golf Brands Then and Now

YHMMA REUTTP _____

NBE OGHAN _____

PEECTFR ULBC _____

DPLUNO OSTSPR _____

NVACLU _____

MOERCGARG _____

YCLLWAAA _____

CNIAUKSL _____

ITILTSET _____

GNKTIH _____

CNRPIE _____

NTIINIIF _____

SNROXI _____

MIOUNZ _____

VCRU _____

# And More Golf Brands Then and Now

To save space, the word "golf" is not used.

```
                        O
                      J U K
                    G T G J S
                  V F P L H W N
                K Y K B Z I W P A
              V U Z X G S R I R T A
            A C F Z B O F K H T B O D
          W B W T H G I N K M F E B C D
        C C J C A X E G E C U F E U F K S
      N Q A V L K Q S J R W T N K W K W D T
    M Y F G N J E P K Q V P H N V P D K K B S
  E P Y Q O O K U U D D U O S P I R W I N P Z Y
U R M T X E N V M N Y Z G F E H D V U M V C U Q A
V P W O I L K O S B Y H A R L S B M G R C W R U H N P
Z Z E E R J Y R J M B J N R W U K Y W A T I X K D I A F R
J S I R S B R Y M K G T J G J H M A N S H W H L J L H Y Q D I
C X Y H F Y S J J B M H O Z M F E H B F T D M C N T X F Y J J M N
O U D D D E V H F Z T Z A Q U U K W H D P H F H F W H V K U L Z V Z C
R U F X A E C H S M P Q U Z H C U G N H D Z E U W L J Y S R O O I T B D E
O S D F C E N T M C N J B I C K I E L G G U Q S T Z Z B T M X Y A V H X Y K H
H Z W F K P R X G Y O V C N U R R C D N J W Q B T Y R C I I B D I A C Z V
S K H A X E Z Q U U Q G C F E L F L F I E Y S P O I C R Q J L Y Q K T
C O N U Z I M L Y Z J W B I U D A T H C I N P T S H N B V G M D I
J A N F O C C O R Z E O P N H D K V E K S T E M N Q L N Z X G
S N E A R Q A D D I I C A I A K L R P L C C E F J S F E Q
J N L Q X E X U Z W X P A T T Y O K S A B H W V S E R
L Z F J L G A Y B B O F I I L G X A J U Y U W E S
X R P I C O P C A M T W N V E C A B O S G W H
U Z C O M O A Y J H U S E R R A J C Y O N
Z O O A Y L D V D K M C G U G C M F T
J U E A L X W E C L C C G J I E N
K F K A Z F F J W B A Q Z D S
P J W I O D R K N M B S J
D A U Q W J Q L I A C
Y P A A B O I N L
V K N O L V F
N P O S L
M P U
Z
```

## WORD LIST:

| | | | |
|---|---|---|---|
| BEN HOGAN | HAMMY | MIZUNO | SRIXON |
| CALLAWAY | INFINITI | NICKLAUS | TITLEIST |
| CURV | KNIGHT | PERFECT | VULCAN |
| DUNLOP SPORTS | MACGREGOR | PRINCE | |

# Still More Golf Brands Then and Now

ARIRWRO SCTMUO _____

BANRTDEIIT _____

MTMYO ROARUM _____

RBTIAEC _____

NFSIITHYRREFGT _____

IKEN _____

AHNAIAMSK _____

KDREEPMLLO _____

EVXNNOI _____

NGPI _____

IAMFXL _____

OTAID _____

MRA _____

EELF _____

# Still More Golf Brands Then and Now

To save space, the word "golf" is not used.

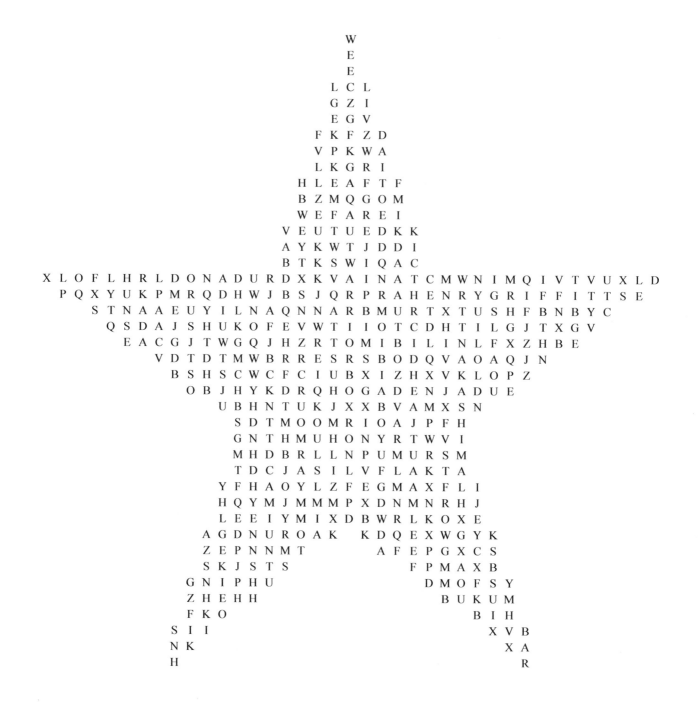

## WORD LIST:

BETTINARDI  
CARBITE  
DAITO  
FEEL  

HENRY GRIFFITTS  
INNOVEX  
KOMPERDELL  
MAXFLI  

NAKASHIMA  
NIKE  
PING  
RAM  

STX  
TOMMY ARMOUR  
WARRIOR

# Hall of Fame Caddies

To save space, the word "golf" is not used.

```
      L D P Q U I                              S Q Z Y O C
      V W U S E X J M F                      E E B C H J S D B
    K L E N R S I Z D N N                    L L T N D P U Z S A U
  F N K K N B C Y M A F R G                  X Y Q K X J L U Y G P Y F
T X Z M I U O W M E X U Q D Z                G F U X G W O F U T Z R P R A
C I H E G A J C G B O O J P W                E O F D N X N M O H O I X A U
N N P B R O A M R C C Q I C U G Y          Z T L D O O P Q L X I Y T P U O M
G Q A W Z R V A S Y I C V W V X M A    Q A H K V E M F G M U Y Y C W I X A
G J O A U M X G X C B C G D D S A V L J R H W B B C X T C D F D H G M P H
P Q F S E A P Y E A K K P C I Q P S D D I T O N N E N E Z P N X E B M R N
M P K J K N D S K W U V C K H Z M A M L N N H O L Z K J G N D U T X Z G D
F S E T P U Z E I N Z K G Z L N S Z F T H O H H Y Z I I J M W O T Z S C A
W G E T P C Y C R Z L D P K X P C D C R Y N L W N S P M G I Z H W J O P R
Y N S P E U Z B D M B P Z C A K S T L U A E N O C L E N Y Y K A X N T O Y
L J K I R R R W O F Y M L B F Q N V H O O P G U R K N K T Z G C E U D Z O
  T M G X Z S N Q J L K T T X D X N T C O G D R V A U B I H U E P S R L
  D L O W G R O R P N H V P C W O J P C G P M X O Z C M O Y P T C C U G
  B D V H I Y S N Q Y J M I S T L N E M I C N W B S C R R L U O M C W K
    X Z B Z N W K T Z J V C J O A U F P V E L Y H N F N Y W S G F Y F
    G I M H Q W A Q A A H P O Z R G W S G Q J E A A D F Q C Q T F J H
      X I R U N Q F D A J F Q R F D R G K R G M K A L L I V R U S P
    W W G B B T N D H O A X F Y Q H Y O G A J S N L P L D X Y L W
      A M H I C S Q S G A N P G M D E W R R C X H U O V Y F O M
      F E P A E D I E M E H V M E N N A O H Y H Y A K X U H R T
      X D U D N P J D Y F F Z K I S X F W M B R P A D N E D
        S B O S Q L Y D U Q Y M S G H O D W I R H V N H D
        Z Z I S F I R I Z Z O L T O E D T N K S P D R T T
          O O Y L I S T K K A K F S M R L Z M W X D O D
          N P N X C F L Y T Y I I M I M I Q F G X T
          Z B K E C I R E A V T Y V P L Y X T A
            C C U R R B C Y L M T Y F E P Z S
            S V F B X G O C F B M Y C S B
              N S F G Z Y P A E L B V G
              A W G Z C Q Y B J J F
                W Q T D S H V W U
                  D B N L Q T J
                  P K U G I
                    A Y X
                      G
```

## WORD LIST:

| | | | |
|---|---|---|---|
| ARGEA | FYLES | MCNAMARA | SCHAD |
| CAROLON | GEIGER | PETERSON | SURVILLA |
| CICCONE | GORMAN | PRITCHETT | |
| D CONE | KUNKEL | RICE | |
| L CONE | MCCOURT | ROY | |

# Hall of Fame Caddies Too

To save space, the word "golf" is not used.

```
              W Z S F C X K
              M V E Q Z J A M Y
            L K R C B E O D Z I W
            K R C T P L V T F H G
            R O M I L T M G X J B
            Q T P E N H V F I E T
            N M T U E E A T J H P
              S G I W T P R F D
            M I F O C Z J W I W Y V Z
          T T I C N O O A L E F E Z P K
          Y T D F O Z N O E K H C O L B C Z
          A O B M Y A C E Z M B H B O S E J
          B G M O U L L B G T S P U B H R N L W
          I Q F H D B E L C O D X I R A K T M Z
          A U I L A N S N A F I L X K E W B E V
          I K Q T J N T K Y F L N B Q R G U U J
          G E R L T J E Q S O D W G M C G K G N
          Z J A E X Y Y M O J C S S M S D X
            P C L Y E E N A R O C R O C M
            A D C E R Q Q K T Q S F S
          L B A H H R H H L V W R H R A
          U F J C P P N D K F I O A K T C G
          A M R X D B E E Q C K Y F B T U Z O W
        N W O P G E K N F V V M S E R W I T W D E
        A X F H N M V F H H L Z P C D A B R N S H
      C S A I B E U O J J W J R R P T T C R P K T M
      X Y R C E W X S N I S S H T I M S L D I K H E
      U K R E V J O P O P E E S O G W O U A B R E A
      J A H C T V D U O K F Z M X T S N P H G O K U
      E Q J Q I L B I O T W S D S N E X W O A I X N
      T J S I I M A T E W D M P O H Q L L F Z G L L
      A C E S U S W F O A T P V H U R L B A L V
      A S J H H X J Y P V V U G C X O K Z U M U
        D F O U I M C U K S L A T W J A H U D
        G N Z U P R P I E S E T G J E X C
          S Y U W M W V D F E S N V M W
          Z F X M U N C A L I V
```

## WORD LIST:

| | | | |
|---|---|---|---|
| BATTISTELLO | GOINGS | MCREA | SMITH |
| BOBILLO | GONZALES | PENICK | STOKES |
| CLARK | HULL | RITA | WALTERS |
| CORCORAN | LUCAS | SELVA | WATSON |

# More Hall of Fame Caddies

```
            H F X P O N Z U B I
          X D R N C L Z R H T O C X Y B Z
        Q V F D A M M Z J Q O F Z J P F I U E S
          H V O M N Y N U R P N J S X W H S D P T N C
        Q U E V Y Y H G N E I H G M Z R S B W E D C L Q B J
        B D C B Y C H O A F L F S D P L I Q Z I L T U D E A S C
        X X Y H O F B N R U C Z V U I J T R L T Z O F B C U Y U G G
        M Q P O W F X S G U J N N D K K I M Z G U Z J S J T K N C P N R
        X U L F Y Z X Y       G G F F K H D G       V I P N K R P H
      F W L B Q U A R M       M Q A Z Y F J H       J C S K F E S M E
      I Q A S W I F U C N     Q G N Q U R E H       I S H M R Y Y E Y X
      K N F M U Q Y Q V E     V O L E L D Q M       A Y F T H N C H H C
    C D H F W E A G E E A     H L O K J I K M       T B J W T O O N H R R
    O C D I W M O E I H B     M Z N Q X O F N       R N W H G L P T G Y L
    A V R V K X J G M S V     R D C G W V H Z       B B F T X D R M H D M
  L B H L Z B A Y A F M L     S C U A U K I N       N K X M L S O H H L O L
  P P I B L H W U O W K A N T U G R K P J B A F U H Q D U N O B H F Y M W L B I R
  Y S G S M F T C G E A S W Y D U P Y R B T V K N S A M O H T S Q N B Q D A M E T
  T J F G L L L A U O A Z O N K H V L P G B P C A Z Q L N Y S V K P M C J M Y B I
  W W C H U M O L F P G Z Y F I A N Y M I Z M T G U O A K Y E P V C N Z D D R T S
  B D U O F V Y W A Y G D N J Y A O S R I C Z O J A X W F V N D P A A G B U E Q P
  Q Z T X E Q W X W T Z L I U V J A T L K X D X A R N I P T E V D V N J D A E M W
  P W F Y C J U K E L S J T I G G W O O S I B I Z R G M F B K J E J W B G Y D I Y
  Y F H N I M   T P F G N L R A N L X E L P R I B C O P Y H G O R I   I K E F D Y
  Y K R O N U   T F C H L A D P Y J O H W F H F B X O A T I R E M C   B C K Z C Y
    I Y A R H   R Z U K O W T M W N V S L L P E F F I I I G Z O       B V Z M E
    D D W E V   S S R P T O H L N L P S L J X E Q P L H I R           V J O U S
    O B F P U A                                                     O P H E A S
    R V A N S                                                       A U A R O X
    T Y X T V G                                                     C J I J R Y J
      D R R C H D                                                   M W F X W K Y
      H P O S R S M                                                 O D S X F T K Y
      V G Z M K V W Z U Q Q T X B X H Z I M Z S W S E P H M R F Y J A
        J C P A V I Y M R Y N K I B Y Y L J V P X P F N O J O E S J
          I R I I K O O C E N C W P Q Y A L B Q Z V H N I G F N O
          I Z E L V M E S S U O R A B Z H E Z X V B Q N F V G
          H A R L M Y W B P W X N H U N N W U S Z K O R W
            Z H I B D L G G V X N B O L B O S N C T
            W W R H U S U U M U X A Y Z P L
            W C N L D W D D G Z
```

## WORD LIST:

| | | | |
|---|---|---|---|
| BAROUSSE | FAY | PERNICE | THOMAS |
| BUTLEY | GRANUZZO | POWELL | WANSTALL |
| COFFEY | HOLLAND | REYNOLDS | WILLIAMS |
| DYER | JACKSON | SULLIVAN | YOUNG |

# And More Caddies

```
                                    P
                                  M F Y
                                Y E A C Y
                              D C Z L O K E
                            J N U E Y D C Y L
                          B P Y X W Q N G D M U
                        D D R R I J Q E I U M C E
                      W J N U R S T V P H U R M M T
                    B T L T R T X Z A P X D E Z I X K
                  G M Q W C E N T Z U I Y A L P R P H E
                S K G D O G A Y A A T H L J R F I O W K H
              M V N I N O N G I X M O S Z M D K U C Q C A A
            D N S D E E K I N Z L G E Y M M L S Z U C N B S N
          L L T B H F G M H R V Q C B L S C T W D C U N W L S S
        P J O X O A H Y T A B Z B X G J O O W R P H X B B O P L P
      M C T U C Y A R P M J U G B B B Z N C Y P S K X L O W R P T J
    H B J Y M Z P A Z R A E K E Z J U U W Y M A T C F R P E A B X C O
  I F A W D W R Z O M P O P H K A B L J U A Y D V T H A V R X L H C J P
B H W A L N S G A Q J A F W D T S Z S J A M V I D J U A W Y R A O N R V X
        B P I M X           D X B Z Z           Z D S P O
        S O Q D I           S V K A S           F E M C K
        S D W Y V           J R H N X           G A K Q K
        X X W T I           I R G S Y           N N N U B
        P B K L F           O G E V M           Z T I R N
        G R N Y C           B E E J V           G S L I N
        E E K D B O J G D R X E Y T J B D V M C L Z B K T A L
        A I L B K P E X Q N O S S E N U S H Q I W L O G V B H
        O I K Z R T K R W B D Y S D Z W R T J K S X V Y Y F H
        H I K G Z D U J L G F E F R B P F R N A Q X Z J K X W
        F I J B R           H P B R R W O R Y J J I I N S M
        A O D T C           U N V R T N W           L P Z K
        M I O B Y           F Z R Y Q I S           F J E L
        I E T G X           F F X Y D I L           Z Q N H
        K Q B C V           D Z P I K B L           A G I P
        R M H D H           T I C T L Q E           T A T N
        K L R U O I Q Z G D V J K H C K F Q       X   Z X R R
        U L O U Y D S K I R V S T V R M K H           M A A G
        D K A P C L V O O I O G Q A U Y L M           U L M Q
        I M L T J L Q S N N N T R W P C O R           E M K A
        A T D W P F L Y G C B M L J G U P F           J H M E
```

## WORD LIST:

| | | | |
|---|---|---|---|
| AITCHISON | CHAPMAN | ELLSWORTH | LUETKEHANS |
| BARROW | COHEN | FOY | MARTINEZ |
| BROWN | COLEMAN | HOUSTON | SHIPPEN |
| BUNN | DICKSON | LOWERY | SUNESSON |

# Still More Caddies

```
                              K
                          V   D
                          S   B   A
                      R   G   P   O   J
                      S   Z   X   Q   X   S
                  N   R   J   S   T   F   U   T
              L   T   D   K   O   H   V   E   T   U
              Q   B   K   R   H   J   Y   K   H   D   N
          R   N   F   M   J   E   K   Z   F   Y   T   I   B
          V   U   X   B   V   M   E   D   P   A   D   V   Q   N
      N   I   C   K   L   A   U   S   S   N   Y   M   A   C   J   U
      L   E   H   G   J   R   X   E   N   E   L   D   D   K   N   Q   L
  E   U   P   W   N   Y   R   N   E   C   I   N   S   D   K   I   Y   Y   S
  R   Y   F   W   A   H   A   R   W   C   N   B   Y   M   E   L   W   Q   D   O
Q   Y   G   O   Z   M   W   S   N   A   W   O   C   F   T   X   D   Q   E   Q   O   Q
G   P   M   O   O   T   L   C   V   N   C   T   A   P   G   G   E   W   K   V   D   S   Y
G   D   O   X   K   K   R   S   R   R   M   M   B   C   I   K   L   M   A   V   E   W   C   W   V
M   O   S   G   P   Z   A   E   M   X   L   H   P   X   Z   D   L   Q   I   W   N   Z   L   W   I   I
C   P   Q   T   B   L   W   H   Y   V   V   I   K   Q   K   Q   M   D   F   N   Z   N   K   T   Q   J   K   J
I   D   O   U   E   Z   F   J   Y   C   D   I   I   K   N   H   H   T   I   F   U   W   Q   I   K   H   J   Y   X
C   C   N   R   Y   Q   S   N   S   O   I   E   P   K   O   K   I   N   D   U   B   E   Q   C   S   J   V   Z   H   B   C
Z   K   G   P   T   K   G   K   C   M   H   Y   A   S   E   T   V   F   T   C   V   A   K   E   G   U   K   M   G   S   H   B
V   E   E   Y   A   O   X   R   Q   N   O   I   N   R   A   B   K   E   L   A   M   J   H   K   E   D   L   X   S   L   K   D   Q   P
J   S   D   M   J   Q   Y   X   B   H   S   I   E   S   B   O   P   E   J   Y   V   X   Y   C   X   Z   P   U   O   O   E   F   W   W   T
C   S   E   C   E   K   U   I   Z   L   Q   B   D   G   M   O   B   N   U   B   U   B   Z   H   N   J   K   O   P   N   E   W   R   C   O   B   P
Z   S   T   V   V   C   Z   U   D   P   S   N   T   T   X   I   N   J   J   Y   Y   M   N   P   T   S   M   Z   C   O   A   G   C   R   J   D   A   Y
G   N   P   H   G   A   D   P   Q   U   M   A   Z   X   S   I   W   M   D   Y   B   P   A   R   U   F   V   V   E   X   L   Q   T   U   P   C   F   H   B   Z
                              K
                              W
                              Q
L   G   P   W   O   I   Q   J   X   C   T   S   T   B   L   Q   B   O   P   Y   R   N   Z   K   W   Y   I   B   S   Q   J   I   F   W   L   O   V   H   V   X
N   L   S   Z   F   S   A   W   I   E   M   H   V   E   E   Q   O   Q   I   B   Y   W   W   T   L   O   E   N   N   O   K   T   C   C   D   S   B   H
D   C   V   T   W   I   K   F   N   T   G   E   C   H   Y   K   V   Q   N   F   P   W   H   C   B   I   F   R   N   K   M   W   O   Q   R   H   U   N
P   C   J   S   R   M   O   D   W   X   K   I   M   Z   D   V   A   G   L   H   M   B   N   Q   S   W   V   B   K   C   L   E   Z   M   U   C
I   F   C   B   R   J   T   I   V   M   X   C   K   A   C   E   S   A   E   F   H   T   X   A   W   U   N   N   N   L   I   N   X   F   K   H
F   L   B   O   Y   N   K   S   G   H   F   X   E   M   J   Z   Y   W   B   X   J   W   X   C   S   K   J   I   E   K   W   O   C   V
S   W   M   M   I   U   Z   T   W   U   J   V   C   P   P   F   O   Q   S   F   O   Z   R   S   Y   C   N   U   P   S   G   N   A   V
J   T   H   J   R   L   Z   W   I   N   T   O   N   J   U   X   B   D   I   X   O   R   R   X   S   T   Z   D   G   I   R   L
I   I   S   Q   D   O   P   C   X   X   C   L   M   O   W   V   B   I   E   F   Y   S   Q   O   M   L   N   O   M   D   E   S
```

## WORD LIST:

| | | | |
|---|---|---|---|
| ANDERSON | DOWD | JOHNSON | MORRIS |
| BURGESS | DREESEN | JONES | NICKLAUS |
| COLLINS | EISENBREI | MEDLIN | TANNER |
| COWAN | HARTMAN | MEIKE | WINTON |

# Caddie Hall of Fame Continued

```
                                          F  L
                                          X  X
                                          O  R
                                          V  H
B                                         L  X                                    O
C  E                              M  K  G  M  R  N  O  K                       W  H
   R  D                        I  F  I  O  I  B  H  P  B  O  J  C            O  S
      J  W              D  L  E  I  T  S  N  V  P  T  X  N  D  F  P  O     O  C
         I  A     X  C  F  Z  O  C  K  B  U  J  W  T  H  Q  Z  B  D  Y     D  B
            E  R  E  B  E  L  V  H  G  M  F  O  L  F  E  P  L  W  O  U  A  O
            X  R  D  J  T  B  L  E  G  U  V  N  J  K  H  N  G  J  S  R  K  I
            C  V  U  T  S  F  W  L  L  V  Y  P  V  C  U  W  M  N  N  D  Z  N  Y  V
            E  V  O  B  B  G  W  E  L  S  B  C  A  J  T  U  D  R  E  U  L  X  U  E
            L  A  J  I  K  Y  X  N  P  F  R  A  U  C  T  D  H  F  U  E  B  Q  P  S  Y  C
            L  R  Q  Y  E  H  Y  O  N  A  C  D  W  F  E  B  A  D  R  D  V  U  G  F  V  S
            F  Z  C  I  F  K  I  A  N  F  I  Y  K  L  S  V  L  F  T  L  Q  J  M  V  W  X
T  I  K  V  H  A  D  W  G  J  Z  E  H  U  T  D  J  U  W  N  F  L  U  Z  H  N  W  C  Q  Q  S  H  W  R  I  S
I  H  D  W  V  F  I  U  Q  Q  G  O  N  G  H  W  C  B  M  A  U  E  R  M  R  Z  I  F  U  M  W  V  J  Q  U  S
            G  X  J  W  M  H  Q  K  B  F  C  I  C  J  N  R  E  I  T  Z  N  X  G  I  C  E
            F  U  B  S  I  S  O  Q  I  A  C  X  T  J  X  E  T  J  S  F  I  A  T  T  H  Y
            W  Q  U  Y  W  V  A  T  A  W  E  H  T  Q  W  D  N  E  W  K  E  H  U  I  U  X
            Z  Q  Y  Y  F  F  A  L  Z  W  V  P  I  S  U  R  Q  R  U  L  D  O  E  T
            F  H  P  O  X  X  A  V  L  J  I  U  M  W  H  Z  P  N  S  K  F  B  E  S
            R  F  C  Z  V  J  F  G  O  N  R  F  V  U  R  J  E  E  A  T  U  R  Z  P
            K  A  E  K  C  S  Y  V  A  Z  V  Z  W  W  L  H  D  L  A  Y  K  E
            A  R  S  C  S  M  A  E  I  L  G  K  I  M  V  U  R  H  A  D  L  N
            Y  P  Y  A  F  P  T  N  T  I  A  Y  A  H  C  B  R  A  R  E  S  I  E  K
      X  R        P  P  E  L  Z  K  O  E  U  Y  A  A  M  U  D  I  D  A        I  R
   A  E           W  A  I  P  X  Q  X  H  C  M  P  P  E  C  A  J           K  U
G  K                 X  Z  O  O  D  M  Y  U  Q  J  N  V                    M  L
B                    M  Z  O  F  K  W  C  F                                   K
                     N  W
                     Q  C
                     T  L
                     O  E
                     K  D
```

## WORD LIST:

| | | | |
|---|---|---|---|
| BENNETT | EDWARDS | KLEIN | PARK |
| DARDEN | HALL | LAIB | SMITH |
| DELUCCA | KEISER | LEBERE | WARTERS |
| DUVAL | KIELY | MITCHELL | WOODARD |

# One More Caddie Hall of Fame

```
                        G
                      G O M
                    H R U Z P
                  W E M Q A T Q
                H I G O V L A S F
              P L S M A I L L I W Y
            W L V H Z D T I Q U B O A
          V Y F E Z V V W T G U Q W Y P
        M B S Z Q L G B U K R A P A A L K
      M J X B B Q F B Y W K O A L R U O G Z
          C T P I L I S K J X W T I
          R R O V J T M N A B M X E I R
        H A C Q D K Q L O U I E T R C K C
      E M X H I M S A P Q A H Y R S X P Q X
    P C C Y V K I L A N O V D F K P W H R A U
  O C W I U T F D Y T C J A I Y Q D C A F D S Z
  C A O L N E S D J Z B B U I T J Z E Q H E F Q P N
W N V O N M A C A L U S O I L S D A K A G C K M Y G K
Y N S Y O Z P Y V Q J J R B W G P X J B K A V S S R N G N
    J L A F I O J J Y F X C F J W Q J K A
  P U B U J U L H Q T X H X V G D A M R D H
  E W A R G I F Z L X O X A K N H B C A A S R C
  R Y C Z F T P X C L U U Q P J H Y X Z G S D R O N
N F J J U K R J Z O N K S Q V R M Y E I L H J Y Z W Y
J A W H M W T N F C S A N Z E H Q W N Z S V R D N P O Z L
V Y G U Y F P M O M D T D C G A X I H S A V O E D G V P Q C Z
I K J E Q X K V C T X X A H R L C P G S I M E H M J H M R K D P Q
T W C D H S S E M E D P Y D W L M D P L V Z E N I T R A M A K E X N J
                      I S I
                      K N O
                      Z A G
                      E V F
                      D E Z
                      X X J
                      O A S
                      A Z X
```

## WORD LIST:

| | | | |
|---|---|---|---|
| BURKS | HALL | MARTINEZ | SARAZEN |
| COSTA | LUCAS | MCCANN | SULLIVAN |
| ELBIN | LYNCH | OREILLY | WARTERS |
| EVANS | MACALUSO | OUIET | WILLIAMS |

# Women's World Golf Hall of Fame

```
        H G G W B V                              G C X V H B
      G Q V A G E E X Y Q                      R H U W Z A H H B F
    E M D S L M M I D Q N N                  W T C M H H T M T K P T
    B G D X F Q V F G Z N Y Y                M V M G G M I G E S R T I
    W W Z K W F P Y K E W M Z                P X O Y C X S Q R L O U P
    F D I W Z Q L J N Q Y V Q                K I A O J K F G W C C S A
  E T O W   U T S Z I Q K V K U C N          M E M K I L L C L J E Q   N A V C
  C R A W L S   X Q X S I D G Z L F N        E Q H D C F M A X G Y   G D F H R Y
  U L E B Z K C T K U U F Z A Q N E H        C K E Z P Z F C X I K K T M M R V M
  Z I C R I R B T F C S M Y A R C H Z X      K P A A G I U Z O O C F T L O A Q E B
  U N P U D N C M I I G F T H N Q H Y U      V Y J P I M J D S G G U S B P H O O M
  M J Z Q F E Y T C X A J H A Y Q S P D      V L X K G S L P A D F V Z T S F A E A
  M D Z M S L E A I Y S D F R E E I H J      E F L Q I R D I R I A W C S C Z C F Z
  L O R S E Y I Q H Y L U V I J X W I E      C W Y L E O S Y T X L U J W K E N N D
  D S D H Q O S B B S A F N A C B Y K G E A  I T F H D D Q I L W K Q W S Y E I W W
  U S Z Z L K X W E Z M D S Z I I L W V H    B N A V R Q Y L S T Z G O D O Z Y P
  K X V M C F A R G C X X C C N J U L N V    A Z O N X H E U D J B J Y W F T C V
  A T P A X A O X K H L E G F U C E R S      F N Q Q J B C P E D V Z A G D G Y
  E I P I J X V S P Z C K K W E D M Y F      Q D B P A C B T Y D A P G W K
              A I S H W O E D H I M N
              A O F O E P T E B A K Z
  W U S W S D D S J E Y Z N L Z H N P R C H U I W X D X F Z D P X A C
  Y D A F Q W J D F Q R X D E B I N Y C E U Y X U M F H F X N K W E O B F
  Y U L S L C Z M M Z R O U V S P V O X A H P M V P Q P L T F N Z M K F B G X
  J E A E C X D E W W G H O I Y C O X V C T H C K B M N R P M R M X P U O A O
  K I L K A U P B Y Y P M S Q M U L M L P Q E A R M W K Y R O J J L X H Y U E D G
  N N F R Z E K R P X V H R N Y K O P I      W C U E G J B U N D A J P G C L N N Y
  V X N W I O D U M Y D H M V N M U R Y      D Z J B I C P S N I K M W N V S M X E
  A E B G J K N D U S B P R Z D X V E Q      I P N N A M C I I Y B H E I I V B R G
  R W N R G D I G P T V L F I R K L O Q      W F L A L E E O L T I F F S Z S P B B
  M U H E W B F V V A P F C R A D Q Y P      I K Y R N R F N O T V A F A O P X Y O
  U D B A M H D L K W O O R A Q S A K        P G S B E A K X W N M C I U W N G W
  Q Q M Q Q O   C R L E W R W H Z N V        B I O K K V T O N D E   C X E Z I
  I G N S   O P R F T B O P A J R S          Q S I D E T R I V V C S   Z Y Y
        U N M R H Y H Y D Y G P T            T T Z B N T P L W Q M V Q
        F J B O N Y Z G B A X M W            J S J G H E V B L A F N G
        L W B R H B L E I G R M Z            F D A W W L T L O R D S I
        Q Q B Q H T Q K Q R D Z              P W V O L X O M J T Y A
          H D O V Q L J A T W                X D I O S L K M R V
          H Q C H U M                        N C O Y Z K
```

## WORD LIST:

| | | | |
|---|---|---|---|
| ALCOTT | COLLETT VARE | MANN | WETHERED |
| BERG | HAYNIE | RAWLS | WHITWORTH |
| BRADLEY | JAMESON | SHEEHAN | WRIGHT |
| CAMPBELL | KING | SHORE | ZAHARIAS |
| CARNER | LOPEZ | SUGGS | |

# More Women's World Golf Hall of Fame

```
                Z F X
                B B J L
                I M M M
                X W K T
                R P U N
      G V M Q H N J        J Y K Z          U V Y H F A T Z
      U K W D K N L L O    C B A B O N A    O L P S H X O O V C
      T Z H V F Q M I Z P B B Z R B D M P K U I M B M P F U J L P
    U S A Q D J H L S G R T G P N E C Q A N W X T Z B M P L M O Y L
    B L T V Q H Q B J F W Y A K L W Z M Q G B M Y O Z F G H F N G Z
    K G P S A S P S K L W N R U P E I O L H U V L O Q R Z M V T U R H P
  B M Y Z D C C E N W C P H J C Q P T P E Y N Y V H O P Z A F L E I N A D
  V I M F Z Z I Y F R B O V U J H O X T P Y T K J S P C H A P G W J M N Z
  P W N M N V T H G G X B Y U L J U Q F L O E P Z Q S U D G W W S H I X E
 M I S Q W A Y C W A P I G G F N T L J K Q K C A Y Y V P F T O N F L I G Q B
 V W C P D S H C S I K M M L D R A L E X F O X G K J M E H E Z Y H I I B V V
 A T B M X K X T X U Y K I O Y A P T M W U L L E B P I E V E M G H T U Y G I
Q E K P U N O W Y H G E H Q Z O X I N H S W M N J F E D Z R J K C G W I V N A J
Y K V K P T L J B P F I K S C A Z F A E T T U X K U M U L Y H U C Q T H M J B G
B P R R X B S K R U M C D F L Q S L R B D E M T Q Y Y V O J G N O E R V E S B F
O F W P Z I N N G T R A N H U N P I X Q Q D X M Y K O P I I T X X C H F J E O W
P I X H U T S J P A Y X L Q S S P G I M K X Y Z V V C U H M C I O Y F B B G W W
D T O Z J E F C N Z S S L L A R Q R W O U J B R M D A T V P W R N Y Z Y S G N J
E K L Z U S Y Z K M H O E D O X Y N Z I V T O I G R R N Z Q I L A R D R L A C C
X X P A R M W I V O B M O B U N L C B S C P C B J W V U N T V G S U R C X H H A
P F D O J H C D D Y E F Q L J P R C M D O K O C N O U Q K R N A C O N V U A C R
X U Q H U K T Z X Q R W O O Y E W E N S I R L O T A J V F E C P K A S B L B H Y
S K G C D R E L P M E S N V W O Q N X F X C E K H V I C K M Y L U Q I X P J R U
F K O W N R L I D O E H J C Q D C Q X S T I N N D U J F X W Q N N P R M Z C
Z T B C N Z V P U N S F N L M V M V T F J C I S K B X Q S P M K L Z F W G W
K D E X W A N V P W B U C F K N G I T Y Y K B U T J A A G C S L A X H H M D
  Z R I Q Y Q A C J R J I B A U Z Y P D N L K N E A L A R T N Y W B Q M A
  J E G G A S V N A N P L Y A W N L W A K M A E T S M B E D Q D M T E U N
  K B D V V R V J P C Z G R F J O R Z W Y S D Y L D R H V H F D Q Y D
  T W E C W P T I O B E I R Y M V O R P X P J N O H J T H X Y M N E
  P L P Z W N U Y C N Z O Z Z P P N S B G Q T I E R T S B D E K D
  C Z Z M I H Y P O I B I M Z K S U S N C H K G H I K E Z J M E
    G C B U Y T P L J G F D Q M E X Y P P H G H K Y O E T A L U
    Q S O G A   C M T A M A P U U I O F B   R S A U L U
                W W I S T X G D T E D
```

## WORD LIST:

| | | | |
|---|---|---|---|
| BELL | HIGUCHI | RANKIN | STACY |
| CAPONI | INKSTER | SEMPLE | STREIT |
| DANIEL | MALLON | SE RI | WEBB |
| DAVIES | OCHOA | SMITH | |
| HAGGE | OKAMOTO | SORENSTAM | |

# LPGA Tour

Due to space constraints, tournament names have been shortened.

```
            C F O L K G A L E F
          O L K Z O M F R H N Y H A S N Q
        H W N I I N X S O D V A W E B M S Z Y X
        H N F X G V U Q Q H S F L Y T R F J L T N N
      X J H C E T N I N E M O W Y D N I U D M W U F M W M
      G L L N O U L K S T V F C Y M L G B D O O L T L C D A R
    G K Y A Q B D J G O Y P G W F X G E S X A T E M I O O T P D
  Y W W T R M P Y Z K Z B N K B O H O X I T E M O Z P Q J D W E K
  Q P M D F U X C B Q Z M J B Y K S W J B V M A M O T O D W U K Z
  I R V Z T R G I V L B H A T M I E G O Y E K Y L Y E H O L Z H F Z Y
  J I E A D E V H H H G V E K X D Z E E X H P S T P K N Q S O E B Z B Z P
T S J Q S Z T Q Q B T Z J A N T R R I I W V T E R A G X T S P E K N U T
L S D T I M W L E F I L U N A M E B C R Y U E W Z X V O R O E A S Q J T F P
W Z F L D Z M T M N I N L X U M O S Y F F R N P D O K R Y L Z V X C Z Y X U
P N K B K L D M M O A A I N I S I Z R X R X Y O T T Q M B A F D R E D X T J
K M W A X M Q B T S K A O I Q Z P Y S R T F U A Q Z L W R S C Y R E F T U O D P
K I F L S L P E O F F L D P P G N I T E J P Z K M S S A Q S F L Q F B U M M G X
J D M Y C Z J M B R Z P D Y V K W N I B U Z V U E V B I K R N V K K C Q R F Y J
W A S C W L K Y X M F J S N G Q D M L N P F I A N S G C M Z R E W E D I S Z T T
H G S Z D G D H Y A K G J T D M T N R R X L I P R K G H V E B V K N J V C Q P W
W I Y V X T I X F H P S G Q U U V G F O T N C U Y Q Z O M H D Q G U G W W M N P
K X X S K A G G H L A E C A L H M A B H E A K C Y C B H A I L A S P R Y T X A C
A O S E V R T R U P X J S T J U T F Q T N A G S D I S N P F H F R O L B Z O W F
J T Y I Z J F A C S P N K B D N G L G A U P V R U I A P M J O N A B E O U J A U
Q P Q T M D M N V U M R Z V L O E B D Y L W Y E J B X I F I T A I U Y C Q C P I
  A Z X K Q K L B K N Z Y S L T F I P A B M W D A I K O G H N G M L W R W Q Y
  B V R J H X L V N E W X D L R A V D L P U V N V V S H T V T V H R D P E Y Q
  U O I X W I I I F N H N G F N D L Q M M Q K U X I Y U F G M S A W M B J I O
    O V Z J J M Z F P E K Z P P Z P Z T S C G O S U M R U S L D N G N L J P
    L Z O Y N S N I L J D A X K R N V T A L W F U O X M C J D Z I P Y P J V
    G V W Q G M O M Q C V B E J M U Q Y K A T B X I O G N K N N A J C O
      A M N K N H L U I K Y I W U D I V A U P T U N T F K I A P V H R T G
        S M B I W B F J H I O L X L K C F V S G B T C D T Z B R Q B W D
        N S K P I U E R T J X K T N A I V E V I D M X Q N H X K N H
          I G C S D H H I Z Y I N U F L R P S L W U D L U E K O A
          S R D H B B P X Y W R A K X D H A L U K F P W I O N
            Z J W N A U L H L G K J H O V H V Q N M J K I Y
              Y R H G W K X A D L P B A R X T U T X F
                K S V Q U I I E X B R M Z A Y J
                  B E N N K L D A F J
```

## WORD LIST:

| | | | |
|---|---|---|---|
| SCOTTISH OPEN | EVIAN | KEB HANA BANK | SIME DARBY |
| FOUNDERS CUP | INDY WOMEN IN TECH | MANULIFE | THORNBERRY CREEK |
| CANADIAN PACIFIC | KINGSMILL | PURE SILK | TEXAS SHOOTOUT |

# LPGA Tour Too

Due to space constraints, tournament names have been shortened.

```
        X L C S M S                                    C K D Y E L
        G D N O S A H M H                            W P N K R T N E M
      E W F V Z X R W O T T                        K R X M R F S O Z I R
    M C F M V Q B A C D S G G                    E G U G H X E Z X A M N Q
  C J A X I B C P I O X P O N F                P N F V C G R B G P J G P E B
  F K P T E D Q R K C H A L V O              G H D Z R K C H S N X U N S D
D I A C Z H U K P C U T C C R O L          E V A H Q Y X J Q G J Q W T U Y G
T E T J A L L F G Z C W Y O Q C B E      W O V A T J G D T E Y K O L I D J S
G U R K O O H K V W L X C P Z W T A Q Z L T W X S M A Y A I Z S C F L X X
U Y M P A S M K Z L T Y N H C N Q P U E J J T S B L G X I P K J A W D Z T
H Q T I S O E C O M F D O W L Z E X H M W P K W I A F F N I S Y V V K K C
T C O M S D H U O O X X U N S Y H R B U Z H C S N D M N C Y I S Q V F S P
U K H O H S E I B C B D H S S Y W G O P J H P E K N B X V X J R H T N S T
V J S U G J Q N D R R Q L I E I A G S L E O A L S O Z J P V N D P Z I B P
W V O V N L W O N H W Y K O M O J M V Q R F E V V H X Q D R J V W O V F D
  P K F N Z K G K C O J I K B W T Q T T C N X C G E Y K I M J W T I T Z
  F G T P K I X U H E I K J F P F H S W M H I M W K V E P O E Z Y A N K
  N F N N Q G O W B H N O F A M T R H C U K X Z F J G M R M R Y O D B N
  D D R T E G X R F O M A A U E Z I T Z U N B P I J H X W G Y B L W
  X Q Y A B E U L B F E J N I I N D B W D K E X U E M L S U C Z A R
    F T V W Y G C J T Q G G Z P C H X V I K J O V B T G X A V L A
    Z S E I D F F T P O N C M R Z N E V R N I Y M W C P X G M W U
      B X N S Z D D V W P A N H B S L V Z O W R H C U Z A A T Q
      R K J X X P E O A C D B Q M F H O Y Z H I L V C O R D Y W
        F I S P W O D E Q N M H T A N D O J N Y D S M T Q W L
        P V G D P M P O A I S J L R A V A F N W X Z H F F
        H H L T Y Y W U H O Y W B M A T F C L X Q C Y C Z
          E Y O I P J O S Q L J O B L T V C X T M S Q O
          C J V Q F B P C R L J J W B H O Q G Q E F
          U Y I A M S Q Q E M C F C O O O Y M P
            M N K D I A F D L R S R V L N L P
            U P I D P G A G Q N J H Q P U
              X H K H I P V G C W R P Q
              Y J R W U L Y Y T C T
              P M I A Y Q F N W
              J O D B A B B
                H O T O T
                C E B
                G
```

## WORD LIST:

| | | | |
|---|---|---|---|
| ALISPORTS REIGNWOOD | ISPS HANDA | MARATHON | TOTO |
| BLUE BAY | KPMG | RICOH | VOLVIK |
| HONDA | LORENZ OCHOA | SOLHEIM | WALMART |

# More LPGA Tour

Due to space constraints, tournament names have been shortened.

```
                        V J D Y K R J L H D
                      S W R Z E Y O U M W N X A B J B
                    U F E E Z I N B V S M U T E T Z J P I S
                  C Z J S J Y Z D M Q M G E R V V N E V B I A
                U U G P L H J V D S O M V H H G A O Q H N P H Y T E
              B N E L K B B D T D L E A S I P A J V R T E S T A I H T
            C V V U W F G T K B F L B B Q Z W O J Y D N O L H R Q P C J
          P Z O E E T X X M U I R O C S P S M Q O A Z A R K M V S X Q J X
        S E I I L M Q C         H U D U V I Y F         F X L N K A X N
      C N X D R Y H U X         J J Z L M X M H         A V V I W J L G H
    Q G P X X A E I Y K         U R Z T O E I L         K B E J R F H S C G
    I I C Q Y T O X P P         O A N A J T N K         P O O K U M H A U S
  N H L V Q I W R A U Y         J S K J E R T W         R Q U T O H E C M N L
  F X J S R G J H U L I         Q I G Z D K C E         E V B U S W O I A F P
  W K A P Q K T B A D I         D M X S E X N Z         G J E P G H N Z J A P
A K J O V S I H W O K V         U S X V L J S C         F E C M W X F I E E Q L
L I H S S S O E J M S H F S B G Y L I V F O O L U L A K Y I I W B D J C R G R P
A S N G O T Q G P G W D J K Q W A S H X G D M O G M S M E K X K X W D U X Q U R
U O A N N R R I I R O F R E P G J J N L Q Y A Q W K I M I Y V G P H C I R M O H
W T Q H V I T U X A L O D R D V V P B X U I J A Y T Q P V O S M C Q J Q N X V O
C Y L I X K W U T Q P F L E E I I N T R B B U C B M C L J N E E C J X R E V Q M
X D G X J S B Y U R U O T P U O R G E M C B H S V Y D S Z S N G Q I Q N P O J Y
Z J P N P G C R L N L B C X O T L I A L W V Z Z X W E Y K Y I Q A C F B O Q U B
H L X T R N   H V B I P I H G V J C V T U T R J G Y Y T D G G V M   Q W S A R W
A W W V F I   U K K J D U K D W K J V Q S U L P Y B P G F C Y B M   Q B N Y T A
  A N M M G     F I X V G S I O X O E O J M B O K Y C Q M W N E     J H E L G
  K X P G N     R A Z T T W N H N O Q L G C N P V A P K S Y         U Z M X G
  D F T Q I A                                                   Z W X O U N
    I B O W C                                                   B Z B N W O
  J Q D S J R                                                   X C L Y I S K
    N M Z X D V                                                 R S Y B A Y U
    M G O L B H B                                               J X X Z B A O S
        D R Z M U M K L M R S H F E L Y Z L J U O W U T T Y D X V K J B
          P T L M O G O N O I T A R I P S N I A N A X T H U K I C E O
            Y S V B E P L O R D T Z I R H H D N L I H H O F P A L S
              G Z G J J B T M X J M H W E Z K V Y V G Q O H M U S
                F D U A Z O Y N H U E S D S H E U D D W W J F D
                  A V V B C C D O A C G J B G Q T G U N S
                    V H Q J F H C O M H U D H G L Z
                      H I U B Z Q Q N Q F
```

## WORD LIST:

| | | | |
|---|---|---|---|
| ANA INSPIRATION | HSBC | MACKAYSON | SWINGING SKIRTS |
| CAMBIA | KIA | MEIJER | US WOMENS OPEN |
| CME GROUP TOUR | LOTTE | SHOPRITE | |

# Men's World Golf Hall of Fame

```
            X A Y C C U                           D S R A H B
          Y S G O Q S S S B E                   T U K M V X L Z G C
        Q C R J I R R E H U Q A               A V Y V F M N N E J H L
        R H S C E H X D V G P E O           U W L X Q P D R I I E R E
        W L D V P P P N V L Z J V           A F A P G L J E O X X W J
        M N C H W L O E E N X S F           T V N P Y T X M P C N Z Z
      Q Y B N   B L W Z S N W B X M X J     A F Z H U T P P I Q F G     J L T N
    W V O Q I W   G N C T H P C Y T S D     X T R N Z V R M I C T   D B N J S V
    O Y M X A H C R O U F G R Y C I K P     R W X M X K I X O E K L S B Q C A O
    V O K U O J E O Y R X L J Q U G S N W   C Y F B V C Q G L B H E Y T H X G S U
    B S M E W N Y E I W N T H O M A V S C   Q W E Q I B K P M O L Y L O T Q X L T
    Q N E R Z I T V L Q O O J F P J K R R   A F K O L H U R P M V M F S Z O W H B
    O A L L I S S G W O C N J M Q M A F W   Q H M X X M G U C E J I T M O B P R W
    D M D A J E M T O N G E X J H F Q W V   L U B N C T Z A D H E B X A H N I Q R
    H Z B Y C U Q A V M Y B E U P B X F O O R G S M P T M I R Q L U P R H X Y Q Z U
    Q S A X C H T H E E Y E H O O B I G O H C R E D A T E B D N V P C A H K X W
    F N W X S U D S C G R X R S A E S M X U I O N K E B N Y B M Y T E R R D T Z
    M X E D S L Y H J V I J T A D Q U N F I Q H Q X P B G X K Y M T G W X T
      H H G W P R H P K F E H R I K G G E B S J Q J N V Q T A E C H U D E
              B T E Q Q M S N R N Z A
              Q O S X K K W R A O I M
    F Y O N L D U E A X W R C L Q G I N V L M P K M X L O E E S P H L H
    J C X S Z Z T A X Y J B Z G B G F Y G S L F J N N D C B B B Y Q D N H U
    I R A V J H Q V H I Y L Q I K O R O D C D R K M J P E Z F Z V D Y X W W Z P
    V D B R G T T Y E O A J M U D P Q A B P O D G P Q T P J R A E F U Z C K C N
    K L G H W T X E S T S E L P U O C Q T T J L L D G F P Q K A F E G C R Q O M E Z
    T D M V Z U R X K X N B H L U Q G A Z   S V Z B Y B V I X I Y R N Y H C Z Y H
    Z W Z R F N H A Z Z M V Y S T A C S L   J P N G C W A T B H M M E O O P Y Q V
    H C T R A M N A O I B W K S S S B H P   Y K R T B G K Y T W A B L O F L F P X
    D X Y P Z P N C X R S L R R Z P I T B   R R A S S T X H P I X E Y W I T L H E
    T K K C Z D T H R K R U Y N D W H F S   V N H A G T R V O Z V P L I O X K R F
    C A R L A N N L M H Y E R F A J G G     K Q K H E H M W O A E N R W W D W
    T J Z A D L   P G Z L R Y H L F C H     Z F Q G F H R P L A X   O N H F K
    T K X P   Q N E W B E F G X U B V       J D Z N V G F A Y Z W N   O T Q
          N O J G E S O U U C N Z P         V P F I F X N M H D M C Q
          L T F U A Y M F S J X U A         C I H L P Z K N N R S V W
          N E P G Q T E C F Y Z A O         A G P L E T G L I Y Y H O
          G R Z L J Y A H K I F R           V A I I J B U N V E W C
            D C D D S R H A V I             L T M I Z D N M U H
              T I E A H T                     H F U A I N
```

## WORD LIST:

| | | | |
|---|---|---|---|
| ALLISS | LONGHURST | MONTGOMERIE | TILLINGHAST |
| COUPLES | LOVE | OMEARA | VENTURI |
| GRAHAM | LYLE | PARK | WOOSNAM |
| JENKINS | MICKELSON | SCHOFIELD | |

# Men's World Golf Hall of Fame Too

```
                        G
                        J
                        Z
                      V K D
                      K R L
                      R L K
                    C K V O A
                    J B Y C Q
                    N L Z O W
                  D F K Y N P C
                  G F P R N J N
                  M M N C O R P
                E O O J U R Z R O
                F S R P M Y O H P
                I N B L L D H W S
L A B A Z A L O V B Y A X N H P T I Q X J N S E U S I G H P Y O C T S G W H W
  J Z G H C I D V Y I O Z C K T H Z W T K A X H E B O F Z P V A G T F O Z N
    T K E E Y H K Z X T B D V A L I V L Z J K H D M N M I D S L E O U
      Y A O U X M J U J I K P V Y L E L Z W I R W M D M K X Q D D S
        R I I G U H U E J O I O S C V T H Q O E N Q U B A Y Z G F
          V F L H Z K Q W O G D N I W U F D W L E W M Z A S
            A E P Y N E Y Z U J J U V G H G O U M Z S O N
              P V P F Z Q U O W C Q S O V S H S G P L P
                M J T W S Q J Z A K Y P A N O V H
                  K R E J N R J Y W B Z G E Z C
                  Q N S G D A R F A X S P S H I
                  Y K J R I F I B D B I U I A R
                  T D M K S X K N K U H Q E F D
                  R B G B I W L V D I Z T O C F C K
                  E C D Y G K N Z E N K U S U N I S
                  P E J U L F E L J S G R J T X H A
                C H A R L E S F T   H Q Q I B O Q P E
                U N S D C W E       M A M H S F L Z
                N S O O J X         T A C S W R
              B R E D U Y           T P N I G J
              T L Y K G             M E K C Y
              L I D                 J A A
            E A J                   E B N
            J X                     N Z
            M                       B
```

## WORD LIST:

| | | | |
|---|---|---|---|
| BUSH | EISENHOWER | OCONNOR | WADKINS |
| CHARLES | ELS | OLAZABAL | WIND |
| CHIRKINIAN | FORD | OZAKI | WOOD |
| DYE | HUTCHISON | SHUTE | |

# More Men's World Golf Hall of Fame

```
                          H
                        R U I
                      R R G W K
                    C I A O Z C Q
                  K K A C W G J F L
                H N H D H X S D O Z R
              W X Q Y I D Q I D H L D G
            H W G X H M C E X M I G U L L
          E O F P G W O G L H H G Y G A L M
        D L C I B A K E D E P G N I W R A D S
      Q D V I I C I L J K U O N L K O J P V Q W
    J H E M K F R I T G U Q S I U P C U W B J Q W
  O N G C O V K C P F Y M A O S G R F A J H U G Y E
N P N Y V J I V O C R Y X F U P H Q I O M D L E M W S
E Y A D I N Z C R J Q Q A R X D X Z S X H W R W S H P P A
F C R W Y D L A N O D C A M Z I V K M Z K X Z D O Z X M N D P
R Z T Q H O M I U U K I M X R J M B J K N O G I B I C J G U X L Q
Y N S R N Z T Y H S Y T K U O I U X J V G B Z P Y B X V C E F S P U R
I M J P L D V U W M N S S I Y P X M H L F G I D V N W Q F V M Q A B P X G
O D Z W B A I Z L X E R Q Z T Y Z B F B G G C I X O J V U N A Q F D E Y R J L
F R B Q C B B I R V E U K K H I L G F U H Z E X G R I C C Y B I K D E S B
N A Y U D B R O N X V I Z X K L R W Y D N N L W B C K I A S Z I E V R
L C K E N O X W W C Z Q R W Q P T Z S S O K Y Q E T O M Y N N E Z
E I E F H R L K K C W N Y U B K Z X N K L L N S H Y A H X X T
J P C L C N O O A Z Y X G T O F N L L D Z M N O S L E N B
N U C U E P D C C D I Y Y V U A L K I R S L E R D F E
M E M L H E U L K I G T C X V M E B Z D J U N C G
D C G L U T I M F I W E W D X A K K O M T E H
X A S B T F N I I K Q X D W H W J K H G E
N P E H H A C B V R A V W R U V G B P
J S F O T U C B E A K C R D W H T
O S I F F O R D F P L W J B F
E Y T B W B L K K Q D K H
R K H S P R E O D X W
B W Z K P D A W R
Y E N S Z L Y
R X F J V
A T X
F
```

## WORD LIST:

| | | | |
|---|---|---|---|
| AOKI | KITE | NELSON | SINGH |
| CARR | MACDONALD | PARK | STRANGE |
| DARWIN | MACKENZIE | PICARD | |
| DIEGEL | MCCORMACK | PRICE | |
| GREEN | NAGLE | SIFFORD | |

# And More Men's World Golf Hall of Fame

```
          E K Y E I Y                               F C V K Q R
        O U F Y Y U J Y N                         O E V Y G W K Z H
      M V B K D V L J Q Y H                     K O U V K O K B I J O
    G S A W W C O J R C C O H                 J E Q F C G S M Z T X L F
   L N R S L E F M E K C E Z U N             S W Q K N L Q I R I X Q B S U
   U C L P T X W T C Z F V D K E             E Y O F Z M Z C Q J U E J U D
  J A P Z M S E H X K V P K Q C J M         Z W I P F U S A O V L O Z E C H D
  F E I Q Q C B W Y U Y J C F A Y D F     V N B N E A F X Z N V T H E Y S C T
  V C M I L L E R A Y Z E B O L I Q Z X A A J V L Y T E R F G P S J D N C S
  I C Q L S A X R Y R Q Y D R L V B V J L M E G B U B K T D W R K E I H R M
  X D D E O T F P M F T Z T Y A Y L A L Q E A S K S V P C A K X U W S Y F X
  O U V Y R P J L L G T S G P N S C A D V B Q X O H W Q G B V D Q M K I F P
  Y K X W E E E Q L M B B E Y O O P B N T X A S R R M Z S O R V C K B A H K
  N G Z B T A Z V B U X N Y W B S H Q U G I W U H H T Q Y R W V D H R T P R
  Q M P U S G X S G Z I O O S V I M E H U E L F W T E K R U B R P C M V V D
    N S I E U S W T C Y I K B C Y I U V Q N R F W K P L U F O N I R I Q F
    O Z A L F D W K G R N B J J V D Q I R O F T P X C A B P B N W X U X Q
     A O F L K M O F N O M W L W X Z N A K O P U D P U G C D S Q X E C I O
      G J A F I X D X M U X W E F O P H N I I J P V C R D H P B J Q F Y
     W K B H E C F L P G L P B P V H Y T O R Y L V E S N N S E Z M D E
       U W M Z V W M A R I N W I C C W P N S W L N W B W P Q J X B J
      M I E H L O S J F A O L F J C X E B A T S K D T S M U N I A Z
        G I O Z R D A M O E M Z U Z J V Q V H R I E J V V A K Z O
        C D S J X E R X V M V K U I H W A A K Q E E L N N V N P V
        O Z M C O L J W A W G M J P R W U F I H B F H O Q F T
          R O N R I K R B G S W N Z Q H S S G O B O F D E Y
          Z X W B F C V C E B Q E R U J C R O G W Z R G Y K
          X P G S P L O V D C W Z P A V O Q Q B U W Q G
            B U Y G S T E V N K Y B C V E F E Z A Z E
            B Z H U W L I W B X Z K F F U V R M W
              I Q S E T O O V J C L G B P G N K
              G Z U F R B O F E I S E C N F
                R I V D C G Z H N W I J C
                H K W R N S N O I E O
                  M S E L O C E Q X
                  B E N V C Q B
                    U I Z S R
                    L O S
                      V
```

## WORD LIST:

| | | | |
|---|---|---|---|
| BALLESTEROS | COLES | LANGER | ROBERTSON |
| BEMAN | CRENSHAW | MANGRUM | SOLHEIM |
| BOLT | FALDO | MILLER | STEWART |
| BONALLACK | JACKLIN | NORMAN | |
| BURKE | JACOBS | PENICK | |

# Still More Men's World Golf Hall of Fame

```
                        G
                        L  M
                        H  K  C
                     P  J  B  S  N
                     V  A  X  G  T  P
                  D  R  U  L  M  D  F  D
                  S  N  Z  K  B  F  Q  P  U  F
                  E  T  X  M  F  Z  C  T  K  T  T
               S  U  E  J  U  Z  F  E  D  C  Q  P  Y
               O  Q  R  C  L  K  Z  H  H  R  J  B  B  N
            H  V  C  A  B  A  F  I  R  T  U  G  R  E  M  T
            N  G  Z  M  R  Y  M  L  T  I  O  N  I  W  R  I  H
         V  I  W  C  E  W  Q  L  P  U  M  T  T  D  E  O  O  T  Q
         C  F  R  T  D  Q  V  O  F  B  S  Q  J  W  L  P  R  G  R  V
      E  Z  S  D  Z  W  V  U  D  R  X  E  K  E  I  E  C  W  Z  K  G  L
      K  P  Y  E  C  K  M  V  Y  K  F  C  L  H  B  X  M  E  U  G  S  O  R
   N  Z  Q  B  Q  A  Q  U  Y  G  Y  R  J  Z  L  N  H  T  Y  F  G  Z  L  A  E
   H  W  Q  W  J  C  C  B  Q  I  U  L  O  P  Z  Z  P  H  D  M  N  J  V  N  L  L
G  U  B  A  J  M  O  L  W  G  O  Z  Z  C  N  R  Q  N  I  C  E  X  R  M  F  E  Y  T
V  F  P  C  T  O  L  A  M  M  I  T  F  B  D  L  F  I  G  C  S  T  Y  R  E  X  G  N  T
W  O  R  T  E  P  S  U  Z  W  C  Q  P  Q  B  C  X  V  S  I  C  Y  I  L  Z  Y  W  U  V  T  I
O  M  B  Q  E  P  W  O  K  H  L  B  D  D  N  Y  D  J  V  Q  B  J  N  C  O  S  E  U  Y  K  X  L
Q  L  G  X  R  N  T  R  O  N  S  X  H  G  U  N  N  H  E  D  Y  U  G  A  J  A  O  A  Q  W  K  L  Y  Z
I  R  C  A  L  O  N  Q  L  P  G  L  M  H  M  B  U  D  U  C  S  N  H  E  X  B  D  O  B  W  O  B  O  I  T
Z  X  A  O  S  B  Y  X  W  X  U  U  B  R  M  M  T  Q  I  L  V  A  U  G  O  R  E  V  W  G  J  F  Y  Y  P  C  Q
I  A  H  K  P  H  M  Q  V  Q  B  Z  Q  X  R  S  S  X  I  O  Q  T  X  Y  R  M  I  D  D  L  E  C  O  F  F  X  A  X
H  F  G  H  G  J  M  O  I  A  L  A  V  S  S  J  M  A  P  T  K  A  C  V  Y  E  G  E  J  F  D  Q  T  I  L  J  C  B  M  F
                        H
                        D
                        E
T  U  W  X  X  D  S  T  N  O  L  O  A  T  V  G  M  D  Q  W  T  H  X  B  I  M  Y  B  M  K  U  N  B  J  Q  S  B  X  X  Z
T  T  V  N  J  E  H  H  Y  D  Z  U  Z  E  U  G  I  R  D  O  R  A  M  O  Q  C  V  U  H  E  N  A  E  Y  W  D  O  N
I  H  J  T  S  C  P  I  M  B  X  R  B  W  V  P  C  N  U  E  R  Y  Y  Q  X  W  C  E  Q  E  O  X  S  L  Q  X  J  H
C  O  T  F  I  H  U  C  Z  F  D  Z  F  X  A  B  R  N  Y  R  C  J  R  H  D  H  A  W  A  O  E  V  Z  E  T  N
T  S  M  U  M  K  D  U  J  V  B  E  N  K  L  H  B  U  V  Q  W  O  O  F  B  Q  X  D  L  D  P  J  E  B  W  F
A  Y  S  V  B  J  B  X  A  G  X  S  O  B  E  S  T  N  S  B  N  Z  N  O  C  P  Y  Q  C  X  W  N  U  L
O  L  M  O  H  I  C  K  L  E  G  D  F  S  A  U  F  I  Y  Y  J  E  D  I  Z  Y  J  J  C  V  L  Q  P  O  R
B  S  Z  N  F  Q  D  V  H  A  Z  W  J  C  P  T  J  B  A  S  L  B  B  P  G  M  O  N  U  J  Y  L
F  J  Q  E  D  G  U  U  X  D  H  V  W  X  N  C  F  S  C  N  M  Q  J  K  W  M  T  Q  C  D  X  T
```

## WORD LIST:

| | | | |
|---|---|---|---|
| BARNES | FLOYD | LITTLER | THOMSON |
| CAMPBELL | HARLOW | MIDDLECOFF | TUFTS |
| COOPER | HOPE | RODRIGUEZ | WATSON |
| DEMARET | IRWIN | RUNYAN | |
| DE VICENZO | JONES | SMITH | |

# Men's World Golf Hall of Fame Continued

```
                L N U J I Q E Z L O
              S U V D L E W H P F Z C C A V U
            B J O E N I O J N C Y I J B H N B V I L
          R O Z I V Q T B C A B K E X F V S H Q N D Q
        E A I U U P P L W A X G A L O J E R N Y K H G Z U T
      V I A W E I J Y K V M V S Z V V Q M G U M M W R U R Q Y
    O D G E L R J T N M A Z F C W B D F E Z C B G R Y E L G M M
  T O F O Y S Q C L S S V S M F Q D K J O I N Z P T V I P D B T M
  A G W R V Q O T V D F N S F X J N F D T G Z M Q I H B V P A R F
C R T R D Z X C Q K H L K E H X T F O Z Z W U D N R X U M N F H K A
W S L U G O O S F M G N N E F D F E W B S A O V O K C H T I P Z A L S F
  S M Z E B Q Y N S B A L L O P G B B W W I R H S I G Y V B P Z D N U I D
T L C S R T C G Y G S D Y M N T Q V A S D R Z J T Z V I U C M P J M R D N G
E W N O E D F L Z R W V J C D O L V P S O R A V Y V M Q V R C A E Q X B E S
  S V I N T U R S N G O I A O D C B I X I R O G I S O G O P K L M N U R J Q R
J F T M W O T L R F A E X B H Y T D K H W V M L T T B F E O X U B Q F V A O M D
T O R S S P O O Y J T B R H R T F L U A G B J S D H V O Y W Y M B X G J S W D Y
Q G A U T C J X N D J K N E O G H J Q E W Y N J H K W U G Q L S X R A S E Y W L
Y W V U K D Z V B A I X O F C H A Z M G Y F V U W W R R M O F Y Q X N R X R Y P
F C E E C I U I Y U V U S E N L U G Y J L G W F G C K X X S E E T Y I O Z U X G
N S R B E G Z M Y E W C L G F V L Y U H I L Q A M C D B Y N A T L F W U R U G J
J W S Z Z C M B P P W B W U G P B E W E P D P F J T Z E Z L G U S T V U B A L W
M Y B S O R C I Q T R H B N B L M L Z O I C U C F O Q M S T J O K P T U B M D S
R W B F L C U M Z P T R S X D H B E M K A F F Y M A B Y Z L A O Z J W I P K Y X
O S P X N F S O P Y P I S O M Y Q T D S D C X H C W U H H N L M F H T Y L S N V
  N A X O D L G M V U Z I N M N C N P K O K U E W G J J U Q M Z U I E T H Y A
  X W X C J L A R R L W F R Z P Z E M J E Q L S K K H T Y E A L T K E E M C E
    A B F W N V B P Z A P F E S Q R V T W G O R Y Q P A M P Q L O R D A Q T M D
      F S I U U W X G F V A D T Y G F F W E I F V Y F F D H E J D Q U S R V G
      F Q G W D F M X O P R I F E C Z L G N C C Y V P C D Y H K T X Q B A D B
        Z M Q Y I W K K N G I R A Z R F P T Z D L I Q Q K S L C S O R O B I
        F M P M W H A M B N W Z Q N J F W R C U N R O X V S U Y G F B X L Z
          E W E Q K G J P T W U V I F V Y P M O X D E B K M V L Z E J H N
            Y J J P P E G B N E D L E F H K S T D P J N G C U C C E Q S
              A L B J S O B G F Z P T C B T U T C O P H U P W Z X I L
                V F H T R M J W H S J R R G I E S W K G O Q Q G K D
                  C J E A V S J N P P E A N K Z V G V X F S N D K
                    C S N T E E Q B K V V B H L U Y M N X G
                      C V B R O M N R V I X F T D G H
                        R O L W E X O S S G
```

## WORD LIST:

| | | | |
|---|---|---|---|
| ARMOUR | COTTON | LITTLE | TRAVERS |
| BALL | CROSBY | LOCKE | TRAVIS |
| BOROS | GRAFFIS | MORRIS | TREVINO |
| BRAID | GULDAHL | ROBERTSON | |
| CASPER | HILTON | ROSS | |

# One More Men's World Golf Hall of Fame

```
                                    M
                                  H L Z
                                  L U N F Z
                                N Z E T K Q B
                                P U V A W Z E Q A
                                Y W C C P R T O F V O
                              M N I Z Y D M Z B V O K L
                              K L F Z Z O V P E F U M B W I
                            M R K Z Q X I S N D P V N O W U H
                            W I Y T A Y L O R K L A V R A G Z F G
                          U Q N A T T J F C R C B L V P D R S U H A
                          A O W H S N O I N Y N M Z M O Z T W O B Z C X
                        T I P L Q L D O P G R A Z C E T X C J T C J E V Q
                        L N X T H U D Y M D Y I Y S N R I H R M G N R D X Q R
                      Y V H J C E D F T E U R N X A J I Q I T H G U R O W U H C
                    O X M O G Z R M P V R M V A G V I A G U X N U C J S C T I R O
                  M U C N X R D L W I M V O R O V V L S E T E T E S U A L K C I N C
                P I Q E A A E G M N T U F Q H Y H M N K E L C E X S P Y Q B A P H Z S
              B Z E S S R A Y P W U N V O W U Z X U C I S X D Q S H N U F W S L X B X P
                    W W A N P            S L S W O            P A L D I
                    B I L L K            A M T N Q            H J V S R
                    N X P V S            L I L K N            N Z Q E R
                    Z W L K K            X C T Q A            V Z D O O
                    Y K E Q V            R O D J V            W I Q D M
                    A Z V D L            E Q R C B            U W E M Y
                    Y A W U E I H J F Q T M B Z D T P Q U O Y C D P J P A
                    G H V Z Q B D M V D C S W V N N N N I Z T E Y L Q B W
                    S R U A N V E I F J D O U B E J G S O W Q L G W A U A
                    P S R U E M I D A E N S I G N Y B U N B O M G U C A V
                    O J G N Z            S A M I U D A Q T E N Q L W R Z
                    D Y R Y A            H U P F U S S            D S F P
                    G D H E R            C P T F V C Z            A Y P E
                    L A W B A            O S A H J A S            A V E A
                    E H E S S            E C R L F P E            I X J D
                    O I K F O            C X Q M H G F            O C S H
                    E S K U P C X D F A M R O W T I I N      W   D G A B
                    N F U A E N T E Q D Q X I O O U E N          G X W W
                    N O S R E D N A R W U U Q F F I X Z          X H Y M
                    B C W S P Z G R W F R C U K U M R L          W U C M
                    F O K U A I O U D D Q X C E F W Y Y          U Y M I
```

## WORD LIST:

| | | | |
|---|---|---|---|
| ANDERSON | HOGAN | OUIMET | TAYLOR |
| CORCORAN | JONES | PALMER | VARDON |
| DEY | MORRIS | PLAYER | |
| EVANS | NELSON | SARAZEN | |
| HAGEN | NICKLAUS | SNEAD | |

# PGA Tour

Due to space constraints, tournament names have been shortened.

```
Y K C I X K R T Y K B H G J O I C B B Y D K U P A T V N I S J N R N R E C F H X
E O E K T E R F N Y C V D Y V L Q Z E H N G K P C C O D W L X R H E C T X H S W
D Q C A W G X N Y U B B Y U W Q S H R H Q S B R J Y V Z P N V M J H G L Y D T E
J S A O Z A U E C A Z T V K V R Z S W T Q V F N Y Q H X A S U F L W C T Y O Y O
I X Q Y Z T V E W D N S Y P S T Z W F R R R X U X F I O O F D F N D Q I K L I D
V W Y U L I P F C G Q U T T C U D E L J T O B N K K J Q N E P O X I N E O H P A
Z M B L R R J K R Y Y L J Y C H B V L I Q H D N Y F W T Q O Y A I E L W E B R B
R T J O F E W C T N X U Z B O K A P N Y W M M T Q Z G G V D J P P C F H A N P F
V T C T P H Q I Y D D L I N T B X A D A U N G H X N X Y S X V U L Q Q Q O E T O
G M C F Q C E Q T E T I V O M I R V G G R G X F B O S Y J U R O G V M L S J Y M
I T F F M B O H C B J Z Y Q M T P S E O H I E X M M M E N I W O N P D P E E X R
C H D I B R W L S J O R G E P I H S N O I P M A H C A G P V G K Q P Q H P X Z V
J J O L R P A Z O L M X W B A T G Q L L P A J Z V G G S T L S Q A H P M U B Z O
U O N H R S P Z V A J M A T N K X H B Y S G D N N J C P I H H L X U T U C W O V
X E P E S K F X N L I I J C P O R V B I O E S N I V F C D H M K C L Z Q H H E W
W I R I P U P O W E S I I N G O D O E B G Q Y N A I G U P E V P F N Q N A J A L
F P C L N O T Y D V N Q V M V B P N W R T C K G R H K E R A L R F V J O R O H W
D Q P Q H Z N F S Q K O N W M S L Q J I N V W J D A S M C K V U C R P L I N J N
Q E P E O N J O S Q W F Z E H O G Y M D U Z E N G X C P L X T C P A U G T U O A
Z L A I Y Y L M T B D T W F O D S P Z G Q O K N V V Q O S G G R D N T V Y H S N
K X L F U O Z S Y S G N A J N I I T E E D M T R N U O O U I M D S H F C C W K R
K F D Z S D N P C X U V X U O K R J H S D G X O V Q G B O E A X O W Q W L U U N
J Y X D P H W U L D M O K Y M Q S B E T A O U L R I V I Q V N N Y E H P A N I Q
E C Y K A J B H D A O G H D W M A B I O C P Y T C T E Q W H D H K L B K S H P F
W M M U Z V U L C B Y M V X P R X M U N N E K W E D A J G A O V S N G Z S A C Z
W J F I V O N U J U S E M G R K V T G E H J C C L C P B C A E S C M X Z I M W I
N N E H E V G O V U P X R A T H Z T I I P M A S X G G L S X A D O L I C C S L H
Q U C L Q S S N J X O F C S C T Q J R N Y T V H D G A H G R C L K D D V U D U C
Z Y X T J N A H V L A U E W C U S K D V N L S A B S Z H O L D Y B I M B F R Q L
N H P M W J D F A K D U H Y K H U Q G I E N F R S S Z T T Q G G C B Q O X B X U
N Z X U L O N I J A Z A G E U U A M U T N S Z I E B K C E Q M Q A N C E Q W Z T
A V A Z Z L Z N M U T B F R W F X M C A U Z C B S L O Z W C A Z W J D H Z L Z J
H N D C V Z Q Q B A Y A A C V E H O P T Y E O Q T A E T H B K G E P G T G L G I
W D H G A Q E V N W C Q P Y U W L D U I C U N B G Z T V U T J C D R M F Q J R V
R X Y R F I G B V Z X X H F L D O G R O O E C N K V W O A I K Q X Z U Q W B W W
K T K V L H P P O O Q H A J V D P E J N D N F A K W M Y T R D U P Z S F L M T L
V H Y M I Q D O S B U F I G M Q L V G A I R S K E L I X P Y T N C Q P G V U Z I
O Q B V Q M K K A A U F W F L U Z E J L E Y H H T F H Y I M C K K L T N F Y D C
G W X Q R B C E Z J K R T D Y S A A O M A J F S I R G O P H M T L Q R V S I C L
U X G G B Z Q N P Q Z D X Q P S W Q T M H H L C V P I J J Y H E I G I J L K T K V
```

## WORD LIST:

ARNOLD PALMER

BARRACUDA

BRIDGESTONE INVITATIONAL

CHARITY CLASSIC

HONDA CLASSIC

HOUSTON OPEN

ISPS HANDA

PGA CHAMPIONSHIP

PHOENIX OPEN

PLAYERS CHAMPIONSHIP

RBC HERITAGE

ST JUDE CLASSIC

TRAVELERS

# PGA Tour Too

Due to space constraints, tournament names have been shortened.

```
                I K D O O I T K Q V
            T T G V N D I D U M J W V S L L
        I C R M M O D D P Y O D J W T C J P A W
      N S H R I N E R S O P E N S Z M R B O E Q Z
    W U M M I K Q E H X U H N Q X A U Q Z U L C W Y X M
    Z K X W B B R T V C U I Y T C K F J P Y L Y I C W G S K
  L E G O U H H Y E N S E C Y S O W G R T S Y H B I P M F H J
W L L Q J M C Y Q X A E L Y B U J U N E F B D W V D M V K L B P
R G M W B K E I K F A A M Q B M A Q W A O A T Y M D X Z I G Z H
  T O L R H C E W V E C Y B W A T W K R R N J K E P S N P L X I J U Z
  I R S D B Z O F E W D O J U P V N I W G F W W G Q L L U T H U I E Q K U
  A A M W E U L G A X J P U Z P F O R O L R L K T T R C R D Y H P F W Z K
O B A U D F I W Y H X G N Y E E G C H U N E P O S U S T L U N W I Z U N U F
V Z L N W E Q O C G O T Z R A V H K Y M O U E M G T I F H E I L Z W P F Z M
T N R A T B P A N E I D R N B J D T B C C T T N D C J S R V Z H T N X U C
Z A V K W S E V C W S C B R A S F A N R U A A L E A M L W D F B M D Z J F L S K
J X B I E N F O U B C C L Q T U M J Z Z B O Q D A I P F R C F X P N E Z A O R J
U X K B G Z I C L Q U V J T M T W O O Y R U I L G I S Y W O V V D U Z D Q K F B
I J Y G C I R Y E P V Y E D Y V E H A B G S U U H W R U J Y W U Z K X N V U M K
L O Y P K I Z L D D T J G Z D Y D N M P E C S Y U B D O B P M O Z Z V U P W T A
C H B K N F L B N K M B J S R L A D T R R M F H J Q L I M J N A Q L K L H S D N
O S Q H A E G N A N A G A A Z E U E P T P L C C K H P Q E E L K N B O Y R J D J
P K D E O X P Z E B P W Q J P R X E F O S D Q X Z S W Q K Y M G T V J S I H J Q
Y Q U A O G P O D U U H Y L F W U R Y N C O S C S R B A F H O Z U I I W R P D T
K Q Q I V N I Y O S G K O G T K U E K Y S R K E K X L T U A Y I N V X A E Z V X
  F D R I F B I P C P M Y E Y M P C R Q N U Y V V S M G H B Z M H D M R P W C
  B A B F I L E J K I A K Y W L X L H G V C Y U Z K P K D W N U B Q Z N S B M
  Y A U Z D Z N D R N R B R K H Y A D D O O B E N Z F S Y R P O V Y C Z I A D
  V A L P N O B J T U O T O O H S N O T E L P M E T N I L K N A R F Z J B
  K A A S I Q N K M X C T K H F S D Z Q R D S I L N Q E K Y U V K T Z W D
    T T H G D E T I U K N R U N I S M W L P R F O J J E P W W E T S F A
    T R Y A E E U K A G M N E P C I A C L H B S M X V F O I D O M X B R
    G G B O K B F Y X Y H G U R X S X X Y L W A U U N S Y C L R H M
      N P G S J D R S S J M U P M W D A E D Y I Y I N L Q T C T U
        T F J G F E W T J L N B R Z N N N G T X A L W L D B P X
        O N T F Q H Z X O T Q H G N D T Y D D M A V P Y K U
          I S R C Q F Y B P M S O H B P E A C D T Q F D X
            S T N R R D G A R D E P P D V A G Y U D
              K W N M Q Y L H Q N J K A N T T
                Q B W Q V H G P O A
```

## WORD LIST:

BMW

BYRON NELSON

DEAN DELUCA

FRANKLIN TEMPLETON SHOOTOUT

JOHN DEERE CLASSIC

MEMORIAL TOURNAMENT

PRESIDENTS CUP

PUERTO RICO OPEN

SAFEWAY OPEN

SHRINERS OPEN

US OPEN

WELLS FARGO

WORLD GOLF

# More PGA Tour

Due to space constraints, tournament names have been shortened.

```
                              V X B
                              S L W R
                                J Z U P
                                  W T O K
                                  Y V B X
        Y Q G R C O N           J I F K           O V G F F J G P
      W S W T I B Y Q D     Q W L P H X L     A O O O M L H M X U
        T G Y N O R T H E R N T R U S T S X Q Y F R Q Z O X A L T S
      N U S Q D J T T F I R F V I E K O O H K X T P S A G M A W K K T
      O L H M K E J N I P Y Q O J T X Q S W Z B V O D E D G N D T H Z
      H O F E G X C K Y W S P S X Q Z W B K P J Z P B H L L B G X X U V R
      Z I A Q V P A O J M G E Z N H H T I A F N X D A C D R R N F W I W S P K
      E C S R Z B A L C Z N L G Z M E A H X K E H Q M H J C O J O O E M D D U
      K Z I D I T M R X H F Z D N X E G M S W P D S L K T I W D P Q C A W W L
      D T A A G T K B E H J G X Q A E Z Z P B O O A N I X H Z W V B L G U D R M W
      B J O J G K V B A P Q C M S Q F L O F G K Y S N Q W J D A P A M J Z W Z A T
      N F J S J V H S O U R K O J Q K V L M H C N Q R Y K C Q Z S Q W C I N E O P
      D R K P A X M D G R J D P W N K E T M A M Z O F N W Z Q T S G U N Q Z V K R C R
      U O F V N A J R F O G E Q U H R A D E O H S S D D Y A F I A X B G W O X F P W P
      W R G G A O S M B Q N O I K R K S B T W K C H I A V T C B I E I O R G H K H T K
      Z C S C S E R S L Z E H V M W O I M W T W A R P W Q D A R B K D C S F Y C C A F
      F X K P M T T V L X B W V R C A K A Z U M N R E K I D P G A H K W L I U Y A F K
      E C R W Z T H E Y S H I R F I M G V C L O G A P D S L V S N K U H F T O F E Y X
      O Q A Q K P S H W S V H V Y S Z M Y A I W E T F B L R W E L F H R F T X T B R L
      B X G T O J S S Z M D A E P J D L S M W T G M T E Q I P A T G E A S E T L E A Z
      C J J E C T Q N R R Q S R U F R Z S L I I A B L T Q O U Y A M W Q O U A E L R H
      P I H S N O I P M A H C L L E D P G S N S L Q H E S H X B H T Z D R H J Q B A L
      U K Y X F F F W U F B Q I M V A C R O R O S X T I Q S B K R M N S N P C R B D A
      Y R Y I O J U H N N Z C H N P B E X J E I S S K X R Q G J E E I M D I S E L
      Z E W O U N M T O N J G F A S W K K A I T E B N D A M A M B E S L P J A P J
      M C Y E U G Y N S D A N R G Z Y V F Y I N S R W I V E Y E V U R O L I H Y Y
        S A S K X Z G R N G K S I H F D J V E D L A H V V M K C B Y B A W I O C
        R W A Q Z V D E Z O X W V E Y G H G K Z R L M D X W Y V O P E R C K O S
        H S S E D W D P D W N Q J W S H I N S C P R C G K I Z G Q K P D L J
          V F I Q M N B Z P H A Z X U R H I N G O D Y X W J L U M D H M O N
          W B T U K A N V W V L N S C K C W R B R K K U Y R T S T R H M V
            U G B J S M T Z A O B G D I H K C R F L Q O Z P I W N S A Z B
            H E K B L A N O I T A N S N A O L N E K C I U Q C K I T F G
              F J S R P     V O G W U N V H O W T V L   Q F V H E Q
                J V G K M A W M J H C
```

## WORD LIST:

CAREERBUILDER CHALLENGE

DELL CHAMPIONSHIP

GENESIS OPEN

MASTERS

NORTHERN TRUST

PEBBLE BEACH PRO AM

QUICKEN LOANS NATIONAL

RSM CLASSIC

SANDERSON FARMS

SONY OPEN

TEXAS OPEN

WORLD GOLF

WYNDHAM

# One More PGA Tour

Due to space constraints, tournament names have been shortened.

```
            E C S Y X I                         M Y I A Z J
          H W U B R Y F V E Q               Z H G R K U L J D K
        W Y C B Z P T K Q F A Q           I J U B U G C F T Q E T
      E X B W J K K G M E H N Q         B O G J R G R J B I F L W
      M T S H F I O L D Z E O H         A H F I G I M F S V C W R
      E B E O R T P X P P Z L X         D S N T G Y C Z R F Y G H
  P K J L   F E W R M J H O B W R T     S P D O B Q E H I F I G   G R X Q
I Y R X R N   E L J I T S K K V H K     L P W U G X R C C Q I   H U C N Z T
C U Y L J P J S L J R R Y T O F V O     C J B R D H W Y A L Q L N R S T K S
I I K Q Y P P J N R W E R U I A M Q M   Z F B N O J W I N V A T W M N T I Q L
H K H G J I G S J C M K X N E V W D O   G O D A S R H R W A G S W I T P Q J X
R J H F B H R L B R B T Z Y K S U Y K   L F X M C J B C M M S M S Z A C A N K
N K K H T L N C A Y Z O O W D Z U W N   G F Y E F S G Y O P P Z F I N Y A I M
G J D H Q Y S F I V D A T M D M L Z L   E N Y N I L Z A Q A P L O H C C B V W
V B M F U N S Q F S M C Y L H B R L X K F A S R T D J X F Q K U P H N E B Z Q F
T K R C I V Z F U S T V A L S P A R C T H C G O Q G Z N S C S Q C F X E K A
V Z U I P U E Q V B A P G G F H T I Y B V F D F J O S A W E M H K X B O N U
  X M F C E X N H J X L N I R Z M J C B Z D S C W L K P M P K U L A Z K J
    J L Q W A S N J B E C W I B P M Z O J A V H P B Y U R F B L C E H K
            R C T Z W Y P A T H A A
            L E Y Q M K E Z B J M P
    B K Z Z N K P H T Y A G W I H T D N O B U P S H L J P U E O Z Z N Y
  D L F W T Z M G F D S M O K B R M L I M S P I W I A G O U S W O Q L Z X
Q G L I O S R F P J S H L R Z E F B A D M O D O D V P O U Z P K E Q F D L R
N J U G R Z J Y O I H Q E B D L L Q N X S U B N J F B S J Q V S Z P X P M K
N J Z Q I L T R E C O A I L J B Q U Y Q E J J H S N E P O N A I D A N A C C B R
W J V R G D B F W S Z E Q Y R G G K B   E Q L Y D F E V W A W I Q C F C A F B
X Q S T Q G B M B W C R K Y O E B K N   I R Q P I N E E I V L D P F I C U K Y
R O H N H O N T Q S O D K Z O W A R X   I N G C V P A J K G Z J X S O L W W P
E E G N E L L A H C D L R O W O R E H   Z I S Q H I B E O M R H S P S T R K Y
P T K E D F A K Q E O L Z X M H B T T   D I S Y X E F Q Z P E A B F B F B K S
G W T H V L G J E G C Q V M B A O D     V V N P V J E N A C L Y W E H V U A
B W G B S N   I U D T A E X N S L T     I Y J I U V P N S C O   D M G Z H
  C N Q F   O V M L M G L Q L O F N     O W G D W R B P L W E M   N P L
        N O Q U R Z R Y J C L U U       A R K F N U G H T V L P F
        F E I R Z G T R G F W S N       E M A E W O O L H F W I Z
        C U S K A E K H V O X H V       F F O J E T T N R U F M Y
        T F Q D M R G J D H X F         E G V G Q P V A E T Z J
        Q O V B P Z W C S A             M E L Q E O E K T G
          O L J Q G O                   B A T W G U
```

## WORD LIST:

BARBASOL

CIMB CLASSIC

FARMERS OPEN

GREENBRIER CLASSIC

HERO WORLD CHALLENGE

OHL CLASSIC

OPEN

RBC CANADIAN OPEN

TOUR

TOURNAMENT OF CHAMPIONS

VALSPAR

WORLD GOLF

ZURICH CLASSIC

# Speaking of Golf

## Fill in the word that matches its meaning.

**Across**

6 The far end of a club-head
8 When a golfer cannot see where the ball will land
9 Also called a sand trap
10 First nine holes of an 18 hole golf course (2 Words)
15 Also known as sky shots (2 Words)
16 Two strokes over par (2 Words)
17 Too much wrist movement in a swing
18 A hole in one
20 A remarkably low-hit shot (2 Words)
21 Standard score for a hole
22 The distance the ball travels once it lands
23 A ball that stops very close to the hole (2 Words)
24 A short shot through the air

**Down**

1 Hitting the ball off the hollow part of the club-head
2 The most prestigious golf tournaments
3 A four-under par shot
4 The part of the golf club that rests on the ground in playing position
5 Hold and remove the flag-stick for another player
7 A score equal to par
9 An extreme slice (2 Words)
11 A warning shout
12 A severe low hook that barely gets airborne (2 Words)
13 Allow a faster-moving group to pass a slower-moving group (2 Words)
14 Player with the fewest strokes wins (2 Words)
19 Area of grass around the hole

# Speaking of Golf Too

## Fill in the word that matches its meaning.

**Across**

5  An overly spun draw
7  A swing that results in the club hitting the ground before the ball
8  Small peg placed in the ground prior to the first stroke on a hole
11  Three strokes over par (2 Words)
12  A short, quick putting stroke
13  One stroke under par
14  The ball strikes a tree and bounces out onto the fairway (2 Words)
15  Tendency to twitch during the putting stroke
17  A chunk of earth displaced during a stroke
21  A shot that curves slightly to the right
22  When the ball is at least halfway into the earth (2 Words)
23  Person who demonstrates little to no golf etiquette

**Down**

1  Final part of a swing after the ball has been hit (2 Words)
2  Three strokes under par (2 Words)
3  A golf swing that completely misses the ball (2 Words)
4  A horrible shot
6  Last 9 holes of an 18 hole course (2 Words)
7  Person who carries the clubs and offers advice
9  A severe hook
10  Scoring a birdie or better on all 18 holes (2 Words)
16  Moving the marker when it's in the way of another player's putt
18  A do-over without counting the shot as a stroke
19  One stroke over par
20  Disk used to mark the position of a ball on the green
22  A shot played on the green

# More Speaking of Golf

## Fill in the word that matches its meaning.

**Across**

4   Area between the tee and the green

5   Hitting a ball that ricochets off a tree and back onto the fairway

7   Two strokes under par

8   Number used to adjust the score to provide equality among players

11   Scoring an 'eight' on any single golf hole

12   A shot that curves to the left

13   Winning all major competitions in the same calendar year (2 Words)

15   The ball is on the edge of a lake or water hazard

20   Players compete on a hole-by-hole basis (2 Words)

22   A putt required after the previous putt missed the hole (2 Words)

23   First part of the golf swing (2 Words)

24   First shot of each hole

25   Three consecutive birdies during one round

**Down**

1   A shot from a sand trap

2   Winning 4 major championships but not in a calendar year (2 Words)

3   Divot on the green caused when a ball lands (2 Words)

6   Club used for short distance shots (2 Words)

9   grass on the edge of a fairway

10   How far the ball travels through the air

14   Three strokes under par

16   Long putt that is intended to get the ball close to the hole

17   Scoring a birdie or better immediately after a bogey or worse (2 Words)

18   Shot that lands close to the flagstick

19   Includes putting, chipping, and pitching (2 Words)

21   A pre-shot routine

# Well Known Golf Courses

Fill in the state where the golf course is located.
Duplicate answers are possible.

Across
2   Niagara Frontier Country Club (2 Words)
3   Waldorf Astoria Golf Club
4   El Campeon Course
7   Scotch Hall Preserve (2 Words)
8   Yocha Dehe Golf Club
9   Grand Bear Golf Course
11  Ojai Valley Inn & Spa
12  Pine Barrens Course
14  Bedford Valley Golf Course
16  Twin Lake Golf Course
17  King & Prince Beach & Golf
    Resort
19  Gunter's Landing Golf Club
20  Maryland National Golf Club
21  Stadium Course
22  Macatawa Legends Golf &
    Country Club
23  Wolf Course

Down
1   Candler Hills Golf Club
2   Cedarbrook Country Club (2
    Words)
5   Blackstone Golf Club
6   Palmer Course at La Cantera
10  The Club at Eaglebrooke
11  Rams Hill Golf Club
13  Royal Hylands Golf Club
15  Snow Mountain Course
18  Oakcreek Country Club

# Well Known Golf Courses Too

Fill in the state where the golf course is located.
Duplicate answers are possible.

Across
2  Sewailo Golf Club
6  Brasstown Valley Resort Golf Course
7  New Course at Grand Cypress Resort
9  FarmLinks at Pursell Farms
10 Hideaway Country Club
12 Stonegate Golf Club
14 Cross Creek Country Club (2 Words)
17 Wolfdancer Golf Club
18 Pole Creek Golf Club
19 Maderas Golf Club
20 TPC Las Vegas
21 Black Horse Golf Course

Down
1  Trophy Club
2  Copper Canyon Golf Club
3  St. James Bay Golf Club
4  Canterbury Woods Country Club (2 Words)
5  Tranquilo Golf Club
7  Golf Club at North Hampton
8  Verrado Golf Club
11 Stonewall Orchard Golf Club
12 Hawk Hollow Golf Course
13 Aviara Golf Club
15 Delaware Springs Golf Course
16 Sun Mountain Course
17 Wilderness Golf Course

# Where Are They From?

Name the state or country these Hall of Famers are from. Duplicate answers are possible.

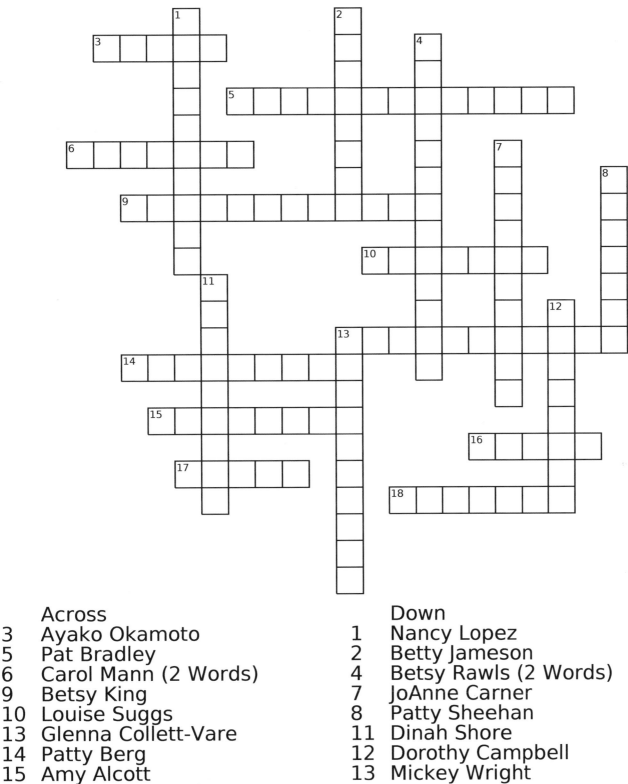

Across
3 Ayako Okamoto
5 Pat Bradley
6 Carol Mann (2 Words)
9 Betsy King
10 Louise Suggs
13 Glenna Collett-Vare
14 Patty Berg
15 Amy Alcott
16 Kathy Whitworth
17 Babe Zaharias
18 Joyce Wethered

Down
1 Nancy Lopez
2 Betty Jameson
4 Betsy Rawls (2 Words)
7 JoAnne Carner
8 Patty Sheehan
11 Dinah Shore
12 Dorothy Campbell
13 Mickey Wright

# Where Are They From?

Name the state or country these Hall of Famers are from. Duplicate answers are possible.

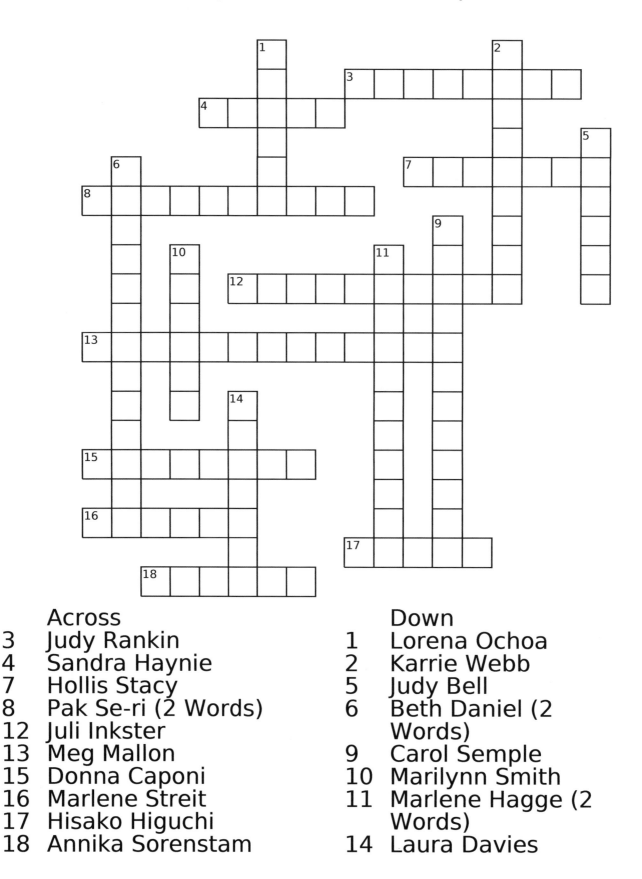

Across
3  Judy Rankin
4  Sandra Haynie
7  Hollis Stacy
8  Pak Se-ri (2 Words)
12 Juli Inkster
13 Meg Mallon
15 Donna Caponi
16 Marlene Streit
17 Hisako Higuchi
18 Annika Sorenstam

Down
1  Lorena Ochoa
2  Karrie Webb
5  Judy Bell
6  Beth Daniel (2 Words)
9  Carol Semple
10 Marilynn Smith
11 Marlene Hagge (2 Words)
14 Laura Davies

# LPGA Tournaments

Fill in the state or country where the tournament is located. Duplicate answers are possible.

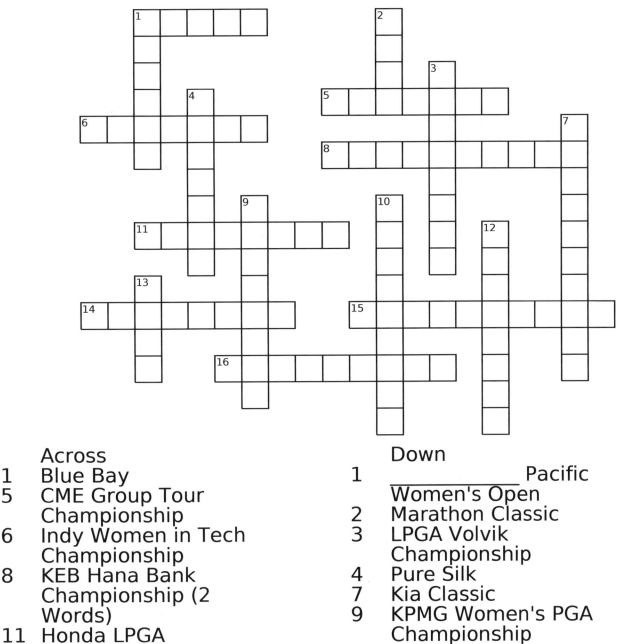

### Across

1 Blue Bay
5 CME Group Tour Championship
6 Indy Women in Tech Championship
8 KEB Hana Bank Championship (2 Words)
11 Honda LPGA _____
14 Aberdeen Asset Mgmt. Ladies _____ Open
15 MacKayson _____ Women's Open (2 Words)
16 Thornberry Creek LPGA Classic

### Down

1 _____ Pacific Women's Open
2 Marathon Classic
3 LPGA Volvik Championship
4 Pure Silk
7 Kia Classic
9 KPMG Women's PGA Championship
10 U.S. Women's Open (2 Words)
12 Walmart Northwest _____ Championship
13 Solheim Cup

# LPGA Tournaments Too

Fill in the state or country where the tournament is located. Duplicate answers are possible.

Across

3 Citibanamex Lorenz Ochoa Match Play
4 Cambia Portland Classic
6 ShopRite LPGA Classic (2 Words)
7 Ana Inspiration
9 Toto _____ Classic
12 HSBC Women's Champions
13 Kingsmill Championship
15 Swinging Skirts LPGA _____ Championship
16 Ricoh Women's British Open

Down

1 Volunteers of America _____ Shootout
2 Evian Championship
3 Sime Darby LPGA ___
5 ISPS Handa Women's _____ Open
7 Manulife LPGA Classic
8 Lotte Championship
10 Meijer LPGA Classic
11 Bank of Hope Founders Cup
14 Alisports Reignwood

# Where Are They From?

Name the state or country these Hall of Famers are from. Duplicate answers are possible.

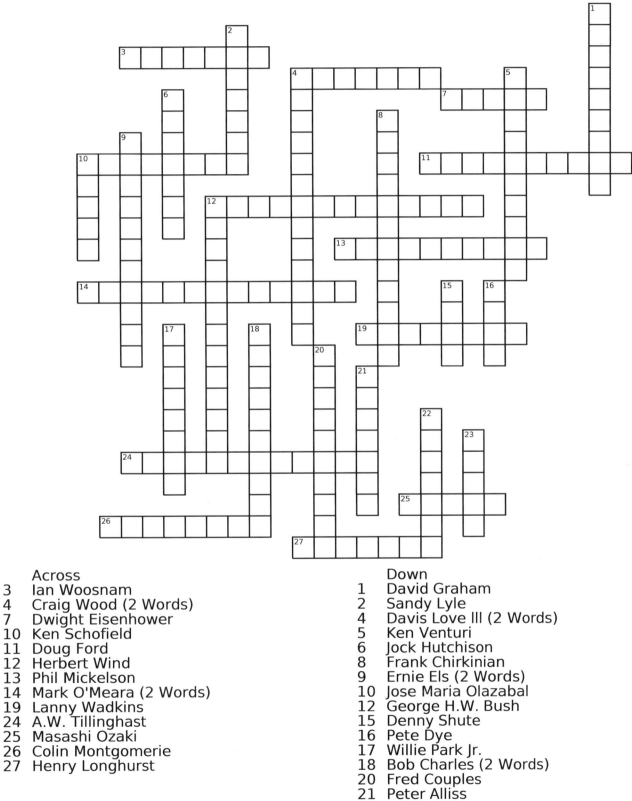

Across
3  Ian Woosnam
4  Craig Wood (2 Words)
7  Dwight Eisenhower
10 Ken Schofield
11 Doug Ford
12 Herbert Wind
13 Phil Mickelson
14 Mark O'Meara (2 Words)
19 Lanny Wadkins
24 A.W. Tillinghast
25 Masashi Ozaki
26 Colin Montgomerie
27 Henry Longhurst

Down
1  David Graham
2  Sandy Lyle
4  Davis Love III (2 Words)
5  Ken Venturi
6  Jock Hutchison
8  Frank Chirkinian
9  Ernie Els (2 Words)
10 Jose Maria Olazabal
12 George H.W. Bush
15 Denny Shute
16 Pete Dye
17 Willie Park Jr.
18 Bob Charles (2 Words)
20 Fred Couples
21 Peter Alliss
22 Christy O'Connor
23 Dan Jenkins

# Where Are They From?

Name the state or country these Hall of Famers are from. Duplicate answers are possible.

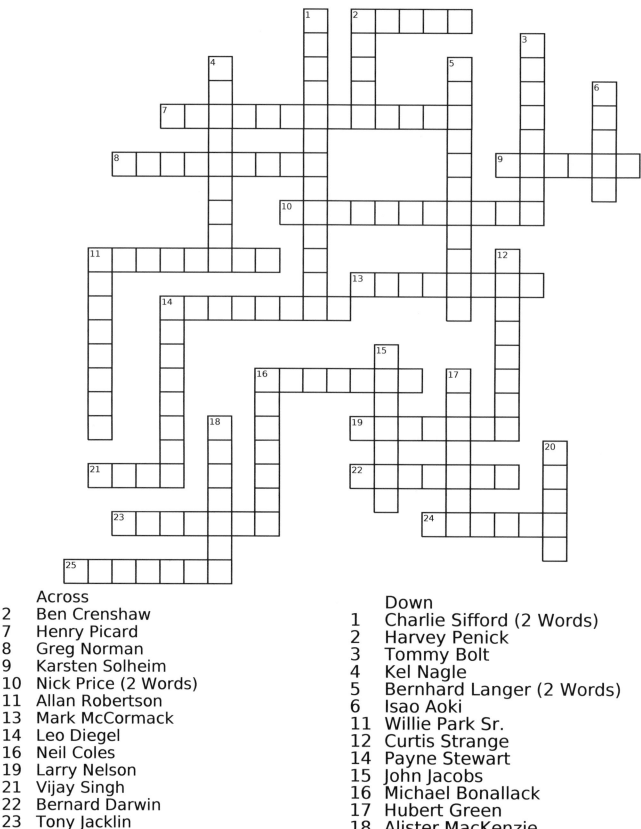

**Across**

2 Ben Crenshaw
7 Henry Picard
8 Greg Norman
9 Karsten Solheim
10 Nick Price (2 Words)
11 Allan Robertson
13 Mark McCormack
14 Leo Diegel
16 Neil Coles
19 Larry Nelson
21 Vijay Singh
22 Bernard Darwin
23 Tony Jacklin
24 Charles Macdonald
25 Joe Carr

**Down**

1 Charlie Sifford (2 Words)
2 Harvey Penick
3 Tommy Bolt
4 Kel Nagle
5 Bernhard Langer (2 Words)
6 Isao Aoki
11 Willie Park Sr.
12 Curtis Strange
14 Payne Stewart
15 John Jacobs
16 Michael Bonallack
17 Hubert Green
18 Alister MacKenzie
20 Tom Kite

# Where Are They From?

Name the state or country these Hall of Famers are from. Duplicate answers are possible.

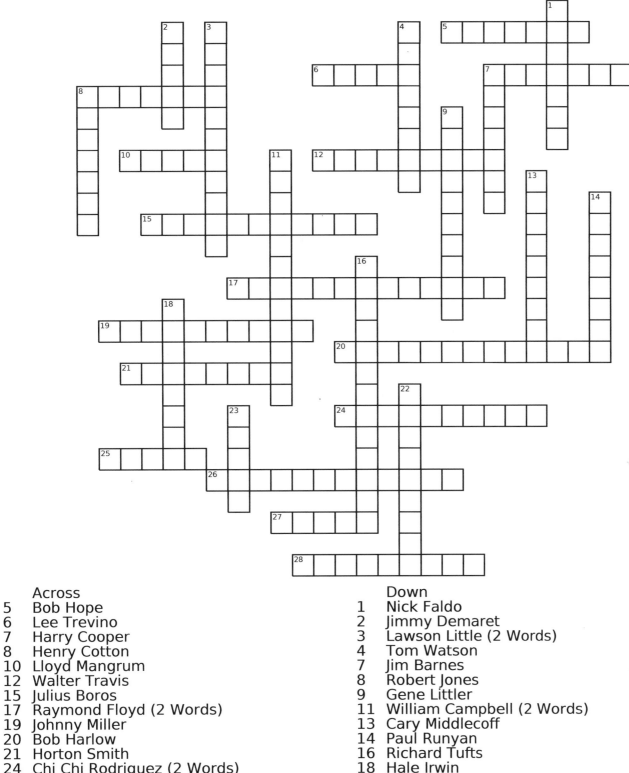

Across
5   Bob Hope
6   Lee Trevino
7   Harry Cooper
8   Henry Cotton
10  Lloyd Mangrum
12  Walter Travis
15  Julius Boros
17  Raymond Floyd (2 Words)
19  Johnny Miller
20  Bob Harlow
21  Horton Smith
24  Chi Chi Rodriguez (2 Words)
25  Seve Ballesteros
26  Deane Beman (2 Words)
27  Ralph Guldahl
28  Peter Thomson

Down
1   Nick Faldo
2   Jimmy Demaret
3   Lawson Little (2 Words)
4   Tom Watson
7   Jim Barnes
8   Robert Jones
9   Gene Littler
11  William Campbell (2 Words)
13  Cary Middlecoff
14  Paul Runyan
16  Richard Tufts
18  Hale Irwin
22  Roberto De Vicenzo
23  Jack Burke Jr.

# Where Are They From?

Name the state or country these Hall of Famers are from. Duplicate answers are possible.

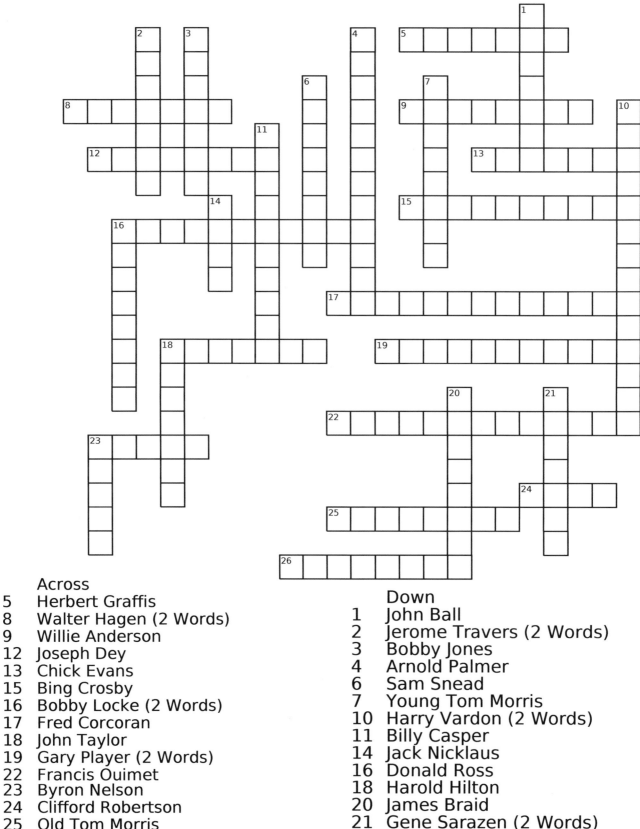

Across

5  Herbert Graffis
8  Walter Hagen (2 Words)
9  Willie Anderson
12 Joseph Dey
13 Chick Evans
15 Bing Crosby
16 Bobby Locke (2 Words)
17 Fred Corcoran
18 John Taylor
19 Gary Player (2 Words)
22 Francis Ouimet
23 Byron Nelson
24 Clifford Robertson
25 Old Tom Morris
26 Tommy Armour

Down

1  John Ball
2  Jerome Travers (2 Words)
3  Bobby Jones
4  Arnold Palmer
6  Sam Snead
7  Young Tom Morris
10 Harry Vardon (2 Words)
11 Billy Casper
14 Jack Nicklaus
16 Donald Ross
18 Harold Hilton
20 James Braid
21 Gene Sarazen (2 Words)
23 Ben Hogan

# PGA Tournaments

Fill in the state or country where the tournament is located. Duplicate answers are possible.

Across

5  Tour Championship
6  Presidents Cup (2 Words)
7  Barbasol Championship
9  AT&T Byron Nelson
10  Safeway Open
11  Dean & DeLuca Invitational
15  Farmers Insurance Open
18  Greenbrier Classic (2 Words)
19  Memorial Tournament
22  CIMB Classic
23  U.S. Open
24  RBC Canadian Open
25  OHL Classic
26  Valspar Championship

Down

1  Wells Fargo Championship (2 Words)
2  Shriners Hospital for Children Open
3  Hero World Challenge
4  World Golf Championship
8  World Golf Championship - Dell
12  John Deere Classic
13  Zurich Classic
14  Puerto Rico Open (2 Words)
16  BMW Championship
17  Open Championship
20  SBS Tournament of Champions
21  Franklin Templeton Shootout

# PGA Tournaments Too

Fill in the state or country where the tournament is located. Duplicate answers are possible.

### Across
6. Masters Tournament
8. Wyndham Championship (2 Words)
9. Barracuda Championship
11. Dell Technologies Championship
15. Quicken Loans National
16. World Golf Championship
18. World Golf Championship - Bridgestone
19. Valero _____ Open
20. Travelers Championship
22. CareerBuilder Challenge
23. Waste Mgmt. _____ Open
24. AT&T Pebble Beach Pro-Am
25. Players Championship

### Down
1. ISPS Handa World Cup of Golf
2. RSM Classic
3. Shell Houston Open
4. RBC Heritage (2 Words)
5. FedEx St. Jude Classic
7. PGA Championship (2 Words)
8. Northern Trust (2 Words)
10. Honda Classic
12. Genesis Open
13. Arnold Palmer Invitational
14. Sanderson Farms Championship
17. CVS Health Charity Classic (2 Words)
21. Sony Open

# Caddie Hall of Famers

## Which year were they inducted?

| | | | | | |
|---|---|---|---|---|---|
| 1. | _____ | Angelo | Argea | a. | 1999 (3) |
| 2. | _____ | Ernest | Carolon | b. | 2000 (2) |
| 3. | _____ | Leonard | Ciccone | c. | 2002 (2) |
| 4. | _____ | Laura | Cone | d. | 2003 |
| 5. | _____ | Dennis | Cone | e. | 2004 |
| 6. | _____ | Alfie | Fyles | f. | 2005 |
| 7. | _____ | Mike | Geiger | g. | 2006 |
| 8. | _____ | Tom | Gorman | h. | 2007 |
| 9. | _____ | Greg | Kunkel | i. | 2008 |
| 10. | _____ | Joe | McCourt | j. | 2009 |
| 11. | _____ | Terry | McNamara | k. | 2010 |
| 12. | _____ | Willie | Peterson | l. | 2011 |
| 13. | _____ | Walter | Pritchett | m. | 2015 |
| 14. | _____ | Henry | Rice | | |
| 15. | _____ | Martin | Roy | | |
| 16. | _____ | Rick | Schad | | |
| 17. | _____ | William | Survilla | | |

# Caddie Hall of Famers Too

## Which year were they inducted?

| | | | | | |
|---|---|---|---|---|---|
| 1. | _____ | Tony | Battistello | a. | 1999 (3) |
| 2. | _____ | Don | Bobillo | b. | 2000 (2) |
| 3. | _____ | Jim | Clark | c. | 2002 |
| 4. | _____ | Fred | Corcoran | d. | 2003 (2) |
| 5. | _____ | Oscar | Goings | e. | 2004 |
| 6. | _____ | Pedro | Gonzales | f. | 2005 |
| 7. | _____ | Adolphos | Hull | g. | 2006 |
| 8. | _____ | Jack | Lucas | h. | 2007 |
| 9. | _____ | Willie | McRea | i. | 2008 |
| 10. | _____ | Harvey | Penick | j. | 2009 |
| 11. | _____ | Greg | Rita | k. | 2010 |
| 12. | _____ | Frank | Selva | l. | 2012 |
| 13. | _____ | Emil | Smith | | |
| 14. | _____ | Willie | Stokes | | |
| 15. | _____ | Arthur | Walters | | |
| 16. | _____ | Tom | Watson | | |

# More Caddie Hall of Famers

## Which year were they inducted?

| | | | | | |
|---|---|---|---|---|---|
| 1. | _____ | Gerry | Barousse Jr | a. | 1999 (3) |
| 2. | _____ | Andrew | Butley | b. | 2000 (2) |
| 3. | _____ | Ralph | Coffey | c. | 2002 |
| 4. | _____ | Alfred | Dyer | d. | 2003 (2) |
| 5. | _____ | David | Fay | e. | 2004 |
| 6. | _____ | Mike | Granuzzo | f. | 2006 (2) |
| 7. | _____ | George | Holland | g. | 2007 |
| 8. | _____ | Carl | Jackson | h. | 2008 |
| 9. | _____ | James | Pernice | i. | 2009 |
| 10. | _____ | William | Powell | j. | 2010 |
| 11. | _____ | John | Reynolds | k. | 2013 |
| 12. | _____ | Kevin | Sullivan | | |
| 13. | _____ | William | Thomas | | |
| 14. | _____ | Donnie | Wanstall | | |
| 15. | _____ | David V | Williams | | |
| 16. | _____ | Ross | Young | | |

# And More Caddie Hall of Famers

## Which year were they inducted?

1. _____ Willie Aitchison      a. 1999 (2)

2. _____ Lance Barrow      b. 2000 (2)

3. _____ Elijah Brown      c. 2001

4. _____ Oscar Bunn      d. 2002

5. _____ Gary Chapman      e. 2003 (2)

6. _____ Michael Cohen      f. 2005

7. _____ Peter Coleman      g. 2006

8. _____ Andrew Dickson      h. 2007

9. _____ Douglass Ellsworth      i. 2008

10. _____ Sam Foy      j. 2009 (2)

11. _____ Scott Houston      k. 2010

12. _____ Eddie Lowery      l. 2013

13. _____ Mayno Luetkehans

14. _____ Roger Martinez

15. _____ John Shippen

16. _____ Fanny Sunesson

# Still More Caddie Hall of Famers

## Which year were they inducted?

| | | | | | |
|---|---|---|---|---|---|
| 1. | _____ | James | Anderson | a. | 1999 (2) |
| 2. | _____ | James | Burgess Jr | b. | 2000 (2) |
| 3. | _____ | Patrick | Collins | c. | 2001 |
| 4. | _____ | Mike | Cowan | d. | 2002 |
| 5. | _____ | Dennis | Dowd | e. | 2003 (2) |
| 6. | _____ | Tom | Dreesen | f. | 2005 |
| 7. | _____ | Carl | Eisenbrei | g. | 2006 |
| 8. | _____ | Michael | Hartman | h. | 2007 |
| 9. | _____ | Sam | Johnson | i. | 2008 |
| 10. | _____ | Roscoe | Jones | j. | 2009 (2) |
| 11. | _____ | Jeff | Medlin | k. | 2010 |
| 12. | _____ | Sonny | Meike | l. | 2013 |
| 13. | _____ | Tom | Morris | | |
| 14. | _____ | Jack | Nicklaus | | |
| 15. | _____ | Jim | Tanner | | |
| 16. | _____ | Charlie | Winton | | |

# Caddie Hall of Famers Continued

## Which year were they inducted?

| | | | | | |
|---|---|---|---|---|---|
| 1. | _____ | Freddie | Bennett | a. | 1999 (2) |
| 2. | _____ | Jerry | Darden | b. | 2000 (2) |
| 3. | _____ | Charlie | DeLucca | c. | 2001 |
| 4. | _____ | Barco | Duval | d. | 2002 |
| 5. | _____ | Bruce | Edwards | e. | 2003 (2) |
| 6. | _____ | Percy | Hall | f. | 2005 |
| 7. | _____ | Mike | Keiser | g. | 2006 |
| 8. | _____ | Mike | Kiely | h. | 2007 |
| 9. | _____ | Bradley | Klein | i. | 2008 |
| 10. | _____ | Carl | Laib | j. | 2009 (2) |
| 11. | _____ | Lorne | LeBere | k. | 2010 |
| 12. | _____ | Herman | Mitchell | l. | 2014 |
| 13. | _____ | Willie | Park | | |
| 14. | _____ | Jack | Smith | | |
| 15. | _____ | Jim | Warters | | |
| 16. | _____ | Jerry | Woodard | | |

# One More Caddie Hall of Famers

## Which year were they inducted?

| | | | | | |
|---|---|---|---|---|---|
| 1. | _____ | Steve | Burks | a. | 1999 (2) |
| 2. | _____ | Van | Costa | b. | 2000 (2) |
| 3. | _____ | Max | Elbin | c. | 2001 |
| 4. | _____ | Charles | Evans Jr | d. | 2002 |
| 5. | _____ | Jackie | Hall | e. | 2003 |
| 6. | _____ | George | Lucas | f. | 2004 |
| 7. | _____ | Lee | Lynch | g. | 2005 |
| 8. | _____ | Saverio | Macaluso | h. | 2006 |
| 9. | _____ | Roger | Martinez | i. | 2007 |
| 10. | _____ | Pete | McCann | j. | 2008 |
| 11. | _____ | John | O'Reilly | k. | 2009 (2) |
| 12. | _____ | Francis | Ouimet | l. | 2010 |
| 13. | _____ | Gene | Sarazen | m. | 2014 |
| 14. | _____ | Chris | Sullivan | | |
| 15. | _____ | Jackie | Warters | | |
| 16. | _____ | Steve | Williams | | |

# Women Hall of Famers

## When were they inducted?

| | | | | | |
|---|---|---|---|---|---|
| 1. | _____ | Amy | Alcott | a. | 1951 (2) |
| 2. | _____ | Pat | Bradley | b. | 1960 |
| 3. | _____ | Donna | Caponi | c. | 1975 (2) |
| 4. | _____ | Joanne | Carner | d. | 1977 |
| 5. | _____ | Glenna | Collett-Vare | e. | 1982 |
| 6. | _____ | Laura | Davies | f. | 1991 |
| 7. | _____ | Marlene | Hagge | g. | 1994 |
| 8. | _____ | Juli | Inkster | h. | 1999 |
| 9. | _____ | Betty | Jameson | i. | 2000 |
| 10. | _____ | Carol | Mann | j. | 2001 |
| 11. | _____ | Lorena | Ochoa | k. | 2002 |
| 12. | _____ | Ayako | Okamoto | l. | 2003 |
| 13. | _____ | Betsy | Rawls | m. | 2005 |
| 14. | _____ | Carol | Semple | n. | 2006 |
| 15. | _____ | Dinah | Shore | o. | 2008 |
| 16. | _____ | Marilynn | Smith | p. | 2015 |
| 17. | _____ | Annika | Sorenstam | q. | 2017 |
| 18. | _____ | Louise | Suggs | | |
| 19. | _____ | Kathy | Whitworth | | |

# Women Hall of Famers Too

## When were they inducted?

| | | | | | |
|---|---|---|---|---|---|
| 1. | _____ | Judy | Bell | a. | 1951 (2) |
| 2. | _____ | Patty | Berg | b. | 1964 |
| 3. | _____ | Dorothy | Campbell | c. | 1975 |
| 4. | _____ | Beth | Daniel | d. | 1977 |
| 5. | _____ | Sandra | Haynie | e. | 1978 |
| 6. | _____ | Hisako | Higuchi | f. | 1987 |
| 7. | _____ | Betsy | King | g. | 1993 |
| 8. | _____ | Nancy | Lopez | h. | 1995 |
| 9. | _____ | Meg | Mallon | i. | 2000 (2) |
| 10. | _____ | Judy | Rankin | j. | 2001 |
| 11. | _____ | Pak | Se-Ri | k. | 2003 |
| 12. | _____ | Patty | Sheehan | l. | 2004 |
| 13. | _____ | Hollis | Stacy | m. | 2005 |
| 14. | _____ | Marlene | Streit | n. | 2007 |
| 15. | _____ | Karrie | Webb | o. | 2012 |
| 16. | _____ | Joyce | Wethered | p. | 2017 |
| 17. | _____ | Mickey | Wright | | |
| 18. | _____ | Babe | Zaharias | | |

# LPGA Tournaments

## What month are they in?

1. _____ Ana Inspiration
2. _____ Blue Bay LPGA
3. _____ Cambia Portland Classic
4. _____ Honda LPGA Thailand
5. _____ Indy Women In Tech Championship
6. _____ Kia Classic
7. _____ Kingsmill Championship
8. _____ Lotte Championship
9. _____ LPGA KEB Hana Bank Championship
10. _____ LPGA Volvik Championship
11. _____ Marathon Classic
12. _____ Meijer LPGA Classic
13. _____ Pure Silk-Bahamas LPGA Classic
14. _____ Sime Darby LPGA Malaysia
15. _____ Solheim Cup
16. _____ Thornberry Creek LPGA Classic
17. _____ Toto Japan Classic
18. _____ Walmart NW Arkansas Championship

a. January
b. February
c. March (2)
d. April
e. May (2)
f. June (3)
g. July
h. August (2)
i. September
j. October (2)
k. November (2)

# LPGA Tournaments Too

## What month are they in?

| | | | |
|---|---|---|---|
| 1. | _____ | Aberdeen Asset Mgmt. Ladies Scottish Open | a. February |
| 2. | _____ | Alisports Reignwood | b. March (2) |
| 3. | _____ | Bank Of Hope Founders Cup | c. April |
| 4. | _____ | Canadian Pacific Women's Open | d. May |
| 5. | _____ | Citibanamex Lorenz Ochoa Match Play | e. June (3) |
| 6. | _____ | CME Group Tour Championship | f. July (2) |
| 7. | _____ | Evian Championship | g. August (2) |
| 8. | _____ | HSBC Women's Champions | h. September (2) |
| 9. | _____ | ISPS Handa Womens Australian Open | i. October (2) |
| 10. | _____ | KPMG Women's PGA Championship | j. November |
| 11. | _____ | MacKayson New Zealand Women's Open | |
| 12. | _____ | Manulife LPGA Classic | |
| 13. | _____ | Ricoh Women's British Open | |
| 14. | _____ | Shoprite LPGA Classic | |
| 15. | _____ | Swinging Skirts LPGA Taiwan Championship | |
| 16. | _____ | U.S. Women's Open | |
| 17. | _____ | Volunteers Of America Texas Shootout | |

# Men Hall of Famers

## When were they inducted?

| | | | | | |
|---|---|---|---|---|---|
| 1. | _____ | Billy | Casper | a. | 1974 (2) |
| 2. | _____ | Frank | Chirkinian | b. | 1975 |
| 3. | _____ | Joseph | Dey | c. | 1977 |
| 4. | _____ | Pete | Dye | d. | 1978 |
| 5. | _____ | Raymond | Floyd | e. | 1983 |
| 6. | _____ | Bob | Hope | f. | 1989 |
| 7. | _____ | Tony | Jacklin | g. | 1992 |
| 8. | _____ | Dan | Jenkins | h. | 1998 |
| 9. | _____ | Lloyd | Mangrum | i. | 2001 |
| 10. | _____ | Kel | Nagle | j. | 2002 |
| 11. | _____ | Byron | Nelson | k. | 2005 |
| 12. | _____ | Willie | Park Sr. | l. | 2007 |
| 13. | _____ | Allan | Robertson | m. | 2008 |
| 14. | _____ | Donald | Ross | n. | 2011 |
| 15. | _____ | A.W. | Tillinghast | o. | 2012 |
| 16. | _____ | Richard | Tufts | p. | 2015 |
| 17. | _____ | Harry | Vardon | | |

# Men Hall of Famers Too

## When were they inducted?

| | | | | | |
|---|---|---|---|---|---|
| 1. | _____ | Bob | Charles | a. | 1974 (2) |
| 2. | _____ | Fred | Corcoran | b. | 1975 |
| 3. | _____ | Roberto | De Vicenzo | c. | 1977 |
| 4. | _____ | Jimmy | Demaret | d. | 1979 |
| 5. | _____ | Leo | Diegel | e. | 1983 |
| 6. | _____ | Herbert | Graffis | f. | 1989 |
| 7. | _____ | Jock | Hutchison | g. | 1992 |
| 8. | _____ | John | Jacobs | h. | 2000 |
| 9. | _____ | Bobby | Jones | i. | 2001 |
| 10. | _____ | Alister | Mackenzie | j. | 2003 |
| 11. | _____ | Charles | Macdonald | k. | 2005 |
| 12. | _____ | Phil | Mickelson | l. | 2007 |
| 13. | _____ | Mark | O'Meara | m. | 2008 |
| 14. | _____ | Chi Chi | Rodriguez | n. | 2011 |
| 15. | _____ | Sam | Snead | o. | 2012 |
| 16. | _____ | Payne | Stewart | p. | 2015 |
| 17. | _____ | Walter | Travis | | |

# More Men Hall of Famers

## When were they inducted?

1. _____ Willie Anderson a. 1974 (2)

2. _____ John Ball b. 1975

3. _____ Jim Barnes c. 1977

4. _____ Neil Coles d. 1980

5. _____ Bernard Darwin e. 1986

6. _____ Dwight Eisenhower f. 1989

7. _____ Doug Ford g. 1992

8. _____ David Graham h. 2000

9. _____ Hubert Green i. 2001

10. _____ Ben Hogan j. 2003

11. _____ Hale Irwin k. 2005

12. _____ Lawson Little l. 2007

13. _____ Cary Middlecoff m. 2009

14. _____ Greg Norman n. 2011

15. _____ Nick Price o. 2013

16. _____ Gene Sarazen p. 2015

17. _____ Ken Schofield

# And More Men Hall of Famers

## When were they inducted?

| | | | | | |
|---|---|---|---|---|---|
| 1. | _____ | Michael | Bonallack | a. | 1974 (2) |
| 2. | _____ | Joe | Carr | b. | 1976 |
| 3. | _____ | Harry | Cooper | c. | 1977 |
| 4. | _____ | Henry | Cotton | d. | 1980 |
| 5. | _____ | Walter | Hagen | e. | 1987 |
| 6. | _____ | Robert T | Jones | f. | 1990 |
| 7. | _____ | Tom | Kite | g. | 1992 |
| 8. | _____ | Bernhard | Langer | h. | 2000 |
| 9. | _____ | Bobby | Locke | i. | 2001 |
| 10. | _____ | Mark | McCormack | j. | 2004 |
| 11. | _____ | Colin | Montgomerie | k. | 2006 |
| 12. | _____ | Masashi | Ozaki | l. | 2007 |
| 13. | _____ | Gary | Player | m. | 2009 |
| 14. | _____ | Horton | Smith | n. | 2011 |
| 15. | _____ | Jerome | Travers | o. | 2013 |
| 16. | _____ | Lanny | Wadkins | p. | 2017 |
| 17. | _____ | Ian | Woosnam | | |

# Still More Men Hall of Famers

## When were they inducted?

| | | | | |
|---|---|---|---|---|
| 1. | _____ | Isao | Aoki | a. 1974 |
| 2. | _____ | Deane | Beman | b. 1975 |
| 3. | _____ | Ernie | Els | c. 1976 |
| 4. | _____ | Davis | Love lll | d. 1978 |
| 5. | _____ | Johnny | Miller | e. 1981 |
| 6. | _____ | Old Tom | Morris | f. 1988 |
| 7. | _____ | Jose Maria | Olazabal | g. 1990 |
| 8. | _____ | Arnold | Palmer | h. 1996 |
| 9. | _____ | Willie | Park Jr | i. 2000 |
| 10. | _____ | Harvey | Penick | j. 2002 |
| 11. | _____ | Henry | Picard | k. 2004 |
| 12. | _____ | Clifford | Robertson | l. 2006 |
| 13. | _____ | Paul | Runyan | m. 2008 |
| 14. | _____ | John H | Taylor | n. 2009 |
| 15. | _____ | Lee | Trevino | o. 2011 |
| 16. | _____ | Tom | Watson | p. 2013 |
| 17. | _____ | Craig | Wood | q. 2017 |

# Men Hall of Famers Continued

## When were they inducted?

| 1. | _____ | Peter | Alliss | a. | 1974 |
| 2. | _____ | Tommy | Bolt | b. | 1975 |
| 3. | _____ | James | Braid | c. | 1976 |
| 4. | _____ | Jack | Burke Jr | d. | 1978 |
| 5. | _____ | Bing | Crosby | e. | 1981 |
| 6. | _____ | Nick | Faldo | f. | 1988 |
| 7. | _____ | Ralph | Guldahl | g. | 1990 |
| 8. | _____ | Gene | Littler | h. | 1997 |
| 9. | _____ | Henry | Longhurst | i. | 2000 |
| 10. | _____ | Young Tom | Morris | j. | 2002 |
| 11. | _____ | Larry | Nelson | k. | 2004 |
| 12. | _____ | Christy | O'Connor | l. | 2006 |
| 13. | _____ | Francis | Ouimet | m. | 2008 |
| 14. | _____ | Charlie | Sifford | n. | 2009 |
| 15. | _____ | Peter | Thomson | o. | 2012 |
| 16. | _____ | Ken | Venturi | p. | 2013 |
| 17. | _____ | Herbert | Wind | q. | 2017 |

# One More Men Hall of Famers

## When were they inducted?

1. _____ Tommy      Armour      a. 1974

2. _____ Seve        Ballesteros b. 1975

3. _____ Julius      Boros       c. 1976

4. _____ George H.W. Bush        d. 1978

5. _____ William     Campbell    e. 1982

6. _____ Fred        Couples     f. 1988

7. _____ Ben         Crenshaw    g. 1990

8. _____ Chick       Evans       h. 1997

9. _____ Bob         Harlow      i. 2001

10. _____ Harold     Hilton      j. 2002

11. _____ Sandy      Lyle        k. 2005

12. _____ Jack       Nicklaus    l. 2007

13. _____ Denny      Shute       m. 2008

14. _____ Vijay      Singh       n. 2011

15. _____ Karsten    Solheim     o. 2012

16. _____ Curtis     Strange     p. 2013

# PGA Tournaments

## What month are they in?

| | | | |
|---|---|---|---|
| 1. _____ | Arnold Palmer Invitational | a. | January (2) |
| 2. _____ | AT&T Byron Nelson | b. | February |
| 3. _____ | AT&T Pebble Beach Pro-Am | c. | March (2) |
| 4. _____ | Barbasol Championship | d. | April |
| 5. _____ | Barracuda Championship | e. | May (2) |
| 6. _____ | BMW Championship | f. | June (2) |
| 7. _____ | CareerBuilder Challenge | g. | July |
| 8. _____ | CIMB Classic | h. | August (2) |
| 9. _____ | CVS Health Charity Classic | i. | September (2) |
| 10. _____ | Franklin Templeton Shootout | j. | October |
| 11. _____ | ISPS HANDA World Cup Of Golf | k. | November |
| 12. _____ | Masters Tournament | l. | December |
| 13. _____ | Sony Open | | |
| 14. _____ | The Memorial Tournament | | |
| 15. _____ | Tour Championship | | |
| 16. _____ | Valspar Championship | | |
| 17. _____ | Wells Fargo Championship | | |
| 18. _____ | World Golf Championships-Bridgestone Invitational | | |

# PGA Tournaments Too

## What month are they in?

1. _____ Dean & Deluca Invitational          a.  January

2. _____ Dell Technologies Championship       b.  February

3. _____ Farmers Insurance Open                c.  March (2)

4. _____ FedEx St. Jude Classic                d.  April

5. _____ Genesis Open                          e.  May

6. _____ Hero World Challenge                  f.  June (2)

7. _____ John Deere Classic                    g.  July (2)

8. _____ OHL Classic At Mayakoba               h.  August (2)

9. _____ PGA Championship                      i.  September

10. _____ Puerto Rico Open                     j.  October

11. _____ RBC Heritage                         k.  November (2)

12. _____ Safeway Open                         l.  December

13. _____ The Greenbrier Classic

14. _____ The RSM Classic

15. _____ Travelers Championship

16. _____ World Golf Championships

17. _____ Wyndham Championship

# More PGA Tournaments

## What month are they in?

| | | | |
|---|---|---|---|
| 1. _____ Honda Classic | | a. | January |
| 2. _____ Northern Trust | | b. | February (2) |
| 3. _____ Open Championship | | c. | March (2) |
| 4. _____ Players Championship | | d. | April (2) |
| 5. _____ Presidents Cup | | e. | May |
| 6. _____ Quicken Loans National | | f. | June (2) |
| 7. _____ RBC Canadian OPEN | | g. | July (2) |
| 8. _____ Sanderson Farms Championship | | h. | August |
| 9. _____ SBS Tournament OF Champions | | i. | September |
| 10. _____ Shell Houston Open | | j. | October (2) |
| 11. _____ Shriners Hospitals FOR Children Open | | k. | November |
| 12. _____ U.S. Open | | | |
| 13. _____ Valero Texas Open | | | |
| 14. _____ Waste Management Phoenix Open | | | |
| 15. _____ World Golf Championships | | | |
| 16. _____ World Golf Championships-Dell Technologies Match Play | | | |
| 17. _____ Zurich Classic Of New Orleans | | | |

# WORD
# SEARCH
# ANSWERS

# In Terms of Golf

```
                    E M R B Z L W P Q G
                  D X S I U C A O A L P F V L J O
                H E T P Y C U U C L X D O J H O B T T E
              V O C N P N Q B W K A Z K W W Q L N I J V F
            D Z U Z Q G M U H X V S C A R D N X C S X Q D D B O
          R I B O R X D Y X O T F W X V E I T D Y Q H Q J M Q G B
        R X L M P C T K R H Z L J I A B T A Z U X A T Q Q K X D D K
      C Z E O J K B W G F N A R D N G X M L T Y D U M Q M Z U B D K D
      M I I Q Z U C F W K V Z X T G L H N W X G R K G M G W B D G W
    I W K B O G W U R T Q C V V N C G V H K C V K P H E A F G A V E Z F
  Q E I U K Z T K C O E S M J T G Q A X E Z P W B W U C Y N A I O H A Q S
  A F C K X I O C J X D C V N A M W O N S C D J A M G X V W V W J K K O A
  Z V O Y A I O L K W B P T Y Y M N K Q S C P Z I R T H T Q D G F D M S V R N
  Y Z S Y B H T U T V T M I C D O V Z S J R W Z Q U I C L E E S B G F U E S M
  S Z T V J U P R R W X W H M U Q C Q B Y X Z F Y U G V N T U A A E T Q Y D Z
F B N Y K C G Z R I T P F S O Q B A Q R S B M V T W V E V R H O Y S E A Y D P X
M J X J R C M S Q P R L X W Q C Z V L A O V J D B S H V W P A E B O V S M S G K
Q P U A K N J A A L Z Q X Q N R F B A Y R L C A U C O R H R H X Q C H Z S M Y R
L F G F J D A L H E V I F I Y C P D C R N M T F V V D H I F Z X L E U J O E Q Y
R N N V Y K W G Q B J B H Y Y B A U A I V O W I L R B S Z B B T L T B J M U D K
Z T K A A G V G K O T D O L I F Y X M M R D T T C L A Q Q I G D Z K E O R M F I
P L L L X H K Y W G Q I T A Q A O C X U N H Z S C Q E R X D Q E Y V K V E D O F
K A I H E R S A W E C H D M A L S D N A R G D V I S F O W I Z C B I P O H M U H
H W V F O F K C L Y X S K O K H I V T Z E T J I R U I R W H V F E X S M G U U M
B G J Z A B X G X T O X J R X V L V J H L N T I L C S V L P Q Z C X V Y T L K Q
F K E A F Z Q C P O M P F W G L G Y V D N V V L H N V K T H E T K M E F O T
G W E G E R X U E Q G X O K O C Q V F P S H D P W A I D T C L C A F G L R W
D S U M Q C G R S K G A C J V X F I L L V K F G Q G U C Z S C I P Q O P H H
Q S I O S O E N W F Z G M A P Z U D P B F D I D M L A U I V F F V B K D
G E R V F W R O I P I U Z C P G L K W W B X S W Z H Q N A M O F B V C K
I P O P C U R I S O A K K G O M M L L D H I F W P N L B Y M G Q Y Z
V F Z J T L I H T I H K E I E C E G X A J R H X R Y Q H G D Z I Z C
V U X A E E X J Q X D U C O G X R J P N I V E J E J H C F D I O
M R E M N O W A L P R J B Y T P V S R P B W E B B U X A D J
F Q V I C Q I C Y I D M Q I T Q S B Z H C A D F Y Y S S
H L N Q E Y D R H H X K N C U C V W B F W X H F F E
E R B N Z M F S T C I V F X A X C D A J N J I Z
L Y Z V S T Q W L N S H P G B M C I C A
X P C M T I A L U C G L K Y Z B
X Y R R P T I R W G
```

## WORD LIST:

| | | | |
|---|---|---|---|
| ACE | DUFF | MAJORS | SNOWMAN |
| BACK SWING | FORE | NINE IRON | STONY |
| BOGEY | GRAND SLAM | PLUGGED LIE | TRIPLE BOGEY |
| CHIP | HOOK | RUN | |

# In Terms of Golf Too

```
          S H G D K I                                    K E D C N G
          P D Y D G M P B U                          U P T T H N O J U
          V R A S Z K X X J N L                      I N O M U U G O V N C
          E K C G J V I L L E W G R                  A A U H Y I L X Z V D R L
    I J D U N K E I C M A R K E R                    Y O F R Y P J R F I E P Y F S
    Y N E V J T O U T N G J O J A                    N Y V C K Q E D H K X A D T H
    V T G W V R H Y Q S Z L Y H V A K                A K P D B O C Y M D S V H S M Z D
    G C G N B S O R M U Z E S W W K R Q    Q E F C K I Z J I Z O X G K S S F W
    J A Z X R I N D G A S L U J M U J R    H G U O R H T W O L L O F E M H Y C G
    K J Q I Z V S E I O C J O G D Y X W H S T E K M V H J R E S Y Y B I W I T
    Z V A U H F A N M L D F H M R R S J E D Y X Y S P G A L T M P H C D T L
    W A X U W J W T K Q L K D G G H T Q I D E F C O U A J J T A M M X M E G
    H R M L W X X R Z I A I C U X K J E T L F M T C P I H Z V E A F T V O B
    L A N Y F W W X W Y M X G A D S Y V G R B A K Y N K X E B B U I V L J B
    T P O K K R N Y M J Q B D U E P A C B T C Q Y D N P R D L C Q P N D I H
    Q J W O R W R B P F F F A K E X T B J L Q M V O P Y X A T I H Q Q R E
    H A Q A O J O C I X R S R S X P C N X X H G R A B K Q L V J D B A
    V E J Q O D Z B X Z W U P V P T N Q W A Y X V M X A I V G L U F S R I
    T C Z O V E R E V T Q K P V T E U R T N X Y L N X N D D K Y A C F
    U W L G J U V E N A N M W Q X C A O S O V L A Y O M R V N N Z C Y
    J N U U E V V Q E C Z S E T J K N B Y M N Q N G E N Z U P X D
    J P L U N K R O Z R A A M K G N R A P A M T F C B C Q W K J N
    O E X F Y D N Y B V Y J A F U T J B H W U X G P B V X L U
    B C R I D N J C L I O P X N H R J E I B A F C O P B O C F
    H M O R O O M V G Y I H N C H W D N B T J C S I J D P
    K K G A U G B H I D W C W L Y M S J S S J E H D Z
    P R D F T B Q K R S B N C X V V U X E O L K E Q N
    T L I I H L A B F Q G G H J O C A Y H A F X P
    H U U X W E I S T W S U H W B N E E R G I
    L N M X L B A V J M U J V Q A F P B L
    O Y L F F O N O K U L L V J L E W
    W M I I N G Y S F N U B O M R
    I D F Q T E H K D L A I Q
    G G J K T Y W C X B V
    Z I W F F S A T V
    U P J X J O Q
    S Z H M J
    O M B
    Y
```

## WORD LIST:

| | | | |
|---|---|---|---|
| AIR SHOT | DOUBLE BOGEY | GREEN | SHRIMP |
| BANANA BALL | DRAW | MARKER | TAP IN |
| BOUNCE BACK | EAGLE | PAR | TURKEY |
| CHUNK | FOLLOW THROUGH | PLUNK | |

# The Words of Golfers

```
                        P
                        P  O
                        L  M  C
                     K  K  P  D  F
                     C  P  O  P  A  M
                     B  U  O  T  C  O  P  M
                     W  P  R  F  V  J  M  J  G  K
                     O  A  R  Y  D  S  V  Z  D  F  P
                     P  A  U  F  A  F  K  S  R  Q  A  L  T
                     E  R  R  G  X  F  V  S  V  J  H  I  G  E
                  B  W  U  U  A  C  I  R  O  I  R  L  Y  V  C  M
                  R  I  O  Z  E  X  M  X  R  S  V  B  E  N  T  C  F
               J  E  G  U  R  W  F  I  J  T  I  I  N  T  U  N  G  N  H
               F  G  W  N  K  M  P  B  E  A  D  X  Z  A  Z  Z  B  T  L
            D  I  S  P  O  M  S  B  H  Q  B  N  J  P  V  Z  O  Y  D  F  D  T
            G  M  V  T  F  S  O  E  U  B  L  M  T  Y  H  F  D  H  T  Q  S  P  N
         P  R  M  U  K  U  K  M  Q  Z  R  A  T  K  X  I  G  P  A  K  I  A  I  M  S
         G  X  O  R  J  Q  A  J  B  B  E  N  T  X  V  H  N  F  H  F  B  A  L  Q  P  I
      N  T  R  R  T  U  G  K  G  V  N  L  D  D  N  R  S  R  L  E  K  D  D  N  D  H
      U  M  P  E  N  T  X  F  W  K  G  F  T  N  R  D  A  S  U  K  C  C  V  P  F  T  Z  V  V
   B  J  G  H  T  R  R  E  K  C  A  B  E  M  O  C  T  G  Y  G  B  L  Q  U  T  O  E  D  T  X  N
   I  S  R  I  O  U  Y  K  A  G  L  J  V  S  W  R  B  J  O  N  I  J  E  E  I  W  T  C  F  K  E  L
   F  X  E  H  H  N  D  G  G  Z  K  T  Z  Y  V  G  X  I  O  Q  S  R  A  M  Z  U  P  Z  Y  I  U  P  Q  W
   F  H  N  S  A  P  M  T  T  R  U  L  T  U  E  W  Z  Z  Z  C  H  D  J  P  L  Q  T  F  N  A  U  M  C  Q  J
   R  Y  A  Y  L  Z  N  L  V  I  T  O  G  O  L  T  A  U  O  K  O  R  I  S  T  S  J  P  V  C  K  W  B  K  U  W  U
   E  E  E  T  G  T  A  K  P  A  W  G  P  P  U  J  B  U  T  V  R  R  E  X  F  X  I  Y  A  L  P  H  C  T  A  M  U  P
   C  A  B  M  N  A  D  C  U  Z  W  O  F  O  E  Q  H  E  C  P  M  H  G  M  C  O  B  Y  Z  V  Z  Q  N  E  D  Z  C  O  X  I
                                       R
                                       F
                                       E

   W  J  T  X  O  A  Q  A  E  I  B  V  V  C  C  J  G  O  T  U  N  F  Q  E  C  W  P  L  T  W  U  P  N  B  M  P  B  Y  O  W
   K  B  X  S  S  U  V  B  G  P  Q  I  G  T  T  H  N  N  M  X  E  R  C  I  N  J  Q  H  R  Q  L  W  W  B  F  L  Z
   D  J  C  Y  L  H  M  X  Q  F  E  T  H  R  K  C  W  D  R  H  B  J  L  I  L  Q  N  A  Y  R  B  G  F  K  F  R  B  S
   S  H  Q  E  L  G  A  E  E  L  B  U  O  D  I  N  F  A  B  H  H  X  M  H  U  V  E  F  I  P  M  W  C  B  X
   B  Z  K  U  V  P  Q  X  C  B  U  I  U  F  C  N  C  Z  Q  N  J  N  A  Z  C  S  K  F  B  O  Q  E  X  A  W  V
   B  R  L  B  H  T  N  Q  C  C  V  N  M  B  K  S  F  I  Q  K  E  T  E  F  N  U  I  Q  E  F  Z  T  O  Z
   K  D  S  G  H  W  A  G  S  X  M  D  M  E  P  U  O  Z  W  J  F  E  V  U  F  E  D  G  C  H  Y  E  H  O
      W  R  M  P  A  P  M  Y  K  Y  K  R  H  S  N  N  G  Z  R  C  A  B  S  Y  C  R  D  D  V  P  E  D
      U  W  B  X  P  V  Z  O  K  P  A  F  J  E  M  G  O  O  H  I  M  A  D  P  N  Q  F  I  P  F  T
```

## WORD LIST:

| | | | |
|---|---|---|---|
| ALBATROSS | DOUBLE EAGLE | MATCH PLAY | SHORT GAME |
| BIRDIE | EVEN | PERFECT ROUND | TEE |
| BUNKER | FRENCHIE | POP UP | WORM BURNER |
| COME BACKER | HACKER | SHANK | |

# The Words of Golfers Too

```
                              A
                            J P G
                          F X O Z W
                        U H Z B O U S
                      J W T Y Q Q W F E
                    D P A B A C R J U A T
                  H U M E K H J P R M U T C
                K X Z A U D V H L Z Q A E J R
              T D U L L T X C V Q P J H L J Y A
            P B Y Y I P W S P E H L T M D S T E R
          A F F S S M L J O V L W F K S F X R X F V
        M W K F W O F A T D A I N Q H G Y N N E Q U S
      E Z Y F W Y M L D V Z T Z V G D P I D D Z G K V Z
    F W Z Q F G V H F E W P X H I M Q B P F R N C I K X P
  J M V K U M U R J E M E D Q I C Y Y J S E E O I C T L F K
  R Z I Y N I O R J E A R V J V H V R O B W P N G A U X H F F A
  M H D Z D O T Y B X J E C F B Q B I Q O E B D T I W M N A F A D E
  P H Y R D P W O S I N O B F T F X T X D K N O J F K W O G N Y O S W T
Y R E V I R D W Y N O Z U N F K V P Y Q B E R X F G Y I V Y D Y Q W G L I
    F D K G D           D T L Y G           C P M I Q
  P E A H V             A L I B E           I A J C B
  G N F F P             Z J R O T           P F V A G
  K I E G U             A L I Q F           P B E P C
  N N X Q N             B H V P X           D B V Q J
  A T X G U             Z D T I W           E B Y I H
  C N W O S T X V M V E B E K A F Q U B O A G V P Z H J
  U O I O C S F V I C Q I L H S N R D M L C Q O E F I Y
  H R A M C J J G J K Z A N U M C A D D I E T D H H K Y
  R F C O L N N D V O C Q O Z M B D J B K M T L Q B Z
  Y D P M E           B W G X Z M W Y B L L D U J K P
  W R V O L           A A I B J T E       T P D B
  C A J Z O           G X N B U Z         B Y N M
  E B R P L           M A T L F Y S       L S E X
  D T S P S           S L A C H O P       O Q T M
  I M Z J F           J S E T R O F       A J T G
  Y I V Y Q Y N D M O L T N S T E E B   Q   I A V
  S Z Z L K B V A N E L K N O P P D F       C G E I
  I N C I L L K P K R A M H C T I P E       M T G J
  E E J N P A D Y F A Z P V Y I Q R U       J C V Z
  W S C Y A L U X G J X Q O N B A A G       T C G L
```

## WORD LIST:

| | | | |
|---|---|---|---|
| ATTEND | DRIVE | JAB | SOLE |
| BLAST | FADE | MEDAL PLAY | TIGER SLAM |
| CADDIE | FRONT NINE | PITCH MARK | YIPS |
| CONDOR | HANDICAP | PUTT | |

# More Words of Golfers

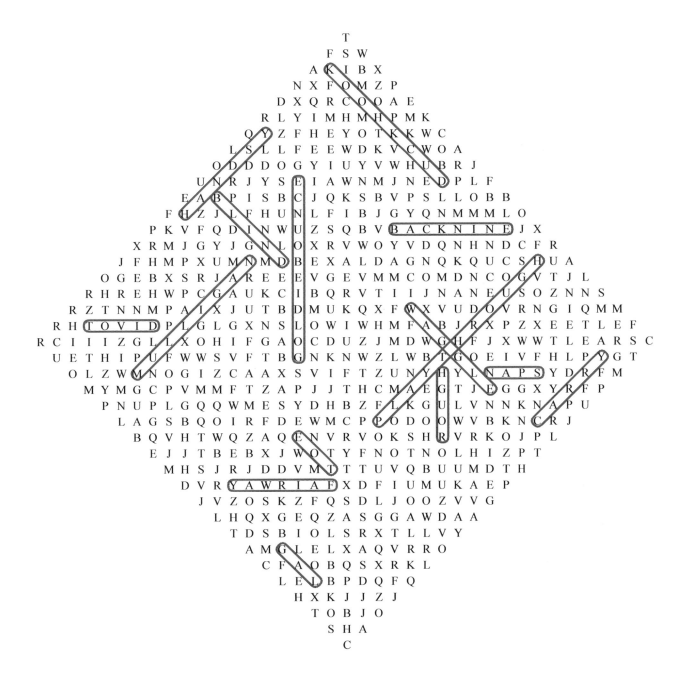

## WORD LIST:

| | | | |
|---|---|---|---|
| BACK NINE | DUCK HOOK | LAG | SPAN |
| BLIND | FAIRWAY | MULLIGAN | TOE |
| CARRY | GOLDIE BOUNCE | PLAY THROUGH | WAGGLE |
| DIVOT | HANDSY | ROUGH | |

# Great Golf Courses

To save space, words such as "golf club", "country club" and "resort" are not used.

```
U V T E V W T D U W N P X A T Z W D A X A G V Y Q J U B O A G M X J D X L U M N
D E H H R G E Z O S Q N U M E V R E S E R P L L A H H C T O C S B F H D Y L Z T
L K Z P T K V L Z D G X Q X U D J M I T M X K D E W P G J V B K V P W H Y U Q V
Q B R Y B O F Y K Z H N V K Q L Q L C O L J N F S Y H E F J T U B B W W J F G M
A W E L W D A P K L B Z F X R W N O Y K J Q V H G Z K T M A P O F Z P Q Q I D V
F Y T Z A D N X G V Y U Q E Y N Z X G G U L S H L R N D K A U P V J J I I J T Y
U R O N N L F R Z O T D I W U M P L C V Q S J W Z A O H L W N V B T A P P W W S
J C C N F H S J B T L W U J R O Y C G P Y Y G K K B M B I C Q V E P N V Y B I I
A E R O W M Z G P E O F P K R J F Q M N A Y O Q N L J J L T T S O M I N U P P S
R R A F I R P Y E X L A C P S W T E D O B P O A L Q P A G B K C G J L O X O B B
U G X C H C Y P N G V V U L V Z E P S R S V E N Q D Y G Y X K E S H X I S G L U
I L K V S L I Y C P Q W L Y U T B G J L E F E C F D H Y U F R A U S G C B A T A
H Z Y G X C O R P X I A C F R B U U X J M S V H Z K K A M N I R Q H S O C G S C
N Y Q Z K R H W E E Z T U D A H A M Z N A L T A F H E E G W R Y Z Z K K Z U U D
O G A U X B C T M W I O P X V I B T O L J U L X Q O H V W U H S R H S Y I Z B N
Y X Q H F G S K N I L M R A F S B P N B T S N J F U R Z V I K R J T I K P T F L
K N J V C G E L N R X Y W C D R W Z N O S E Q V B R O T I L P L O M M W M V S K
E N R S C T T U J V G V E O V M K K D R O L T O K G J K Y C N D B Y Q S T A E
T O D M N T K I H D N C O L G E T B T D F T A D Z U K G B M E M Z L L H M M D B
H Q Q D S S S C P R A W J X L G V F N U D P M H Q R J V B N G N B A A D S V L
C I M C M U P C X G Y H H D I A B F L E H K Y H W J I B P O B C S K G E A S I L
A Y V V R Z V N O R K Z H T H K V G A B C U W P A O F D Z A C D U A O R H C B E
E X U A Q R J T U J N W J N T S I I F Y G K W S M L O N E L R L A J Q O X J W
B E N N K L S B F S I H G Y U P Y Z A H Z Y N B X F P U G W O R M T X V X D Y U
E Q H S U B R K W J G E E W W F W S B J F A L P Y T N Q J O A G W N T S D Y
C P V Z H E J F P D Q C D H A Q A Z E W O Z Y W L X H U O W C Y C C W X L S T D
N M T B T A B J O T S F P G L U D S O Z O O C L O X J K B N Q I A E R U Q U E V
I O G N H L P E Q J S S K K D R A H C R O L L A W E N O T S C T N M S Y K O W
R X A H M U B B M J S W A S O H F X S T Y E O C W S I Y F H Y O A U J I U R T B
P C G R L K U W E D I C R S R M O M C P J H R D O B C Y U K B P W F E C L Z O Z
D S W B H K K T A P B F G L F M V V R C S R T K E N Q Z R J O T A Q R G B O O Z
N C C R I I X N M R T I P S A I G T K Y Y C D F P H E H C L Y L B L Z C B L L
A L I N T F U W Y R A C G B S X X Q H P V K D H K J G W E Q K E E R C S S O R C
G D Q X I I D S A G A I S Z T I P A C C N R C I N D F C C I B P G Y L I L Q J U
N E A R J A C N O T I Y V H O B A W L Z N G C L H U R J V O M O E F P Z I R Q O
I T S O I Q Q P J H C L C A R Q N G Q Y L Y M A H E A R E A U J N Q A X O C F X
K R V B H U O U F M X E V B I X R D S N B R R V E M Y O V O N R D R I S G G F H
Y T G X I U H H N K S L E H A R G M Q P G J L K H F V Z V A E X S S E E S T O T
C E T L U M Z M E S N U K Q J L C W X V G N V H E S U C Y Q V C D E K W G N P D
B J O L M P L M I H T L Z R N Y U M B S N H W M O L M A F D R M J U A N D W S C
```

# Great Golf Courses Too

To save space, words such as "golf club", "country club" and "resort" are not used.

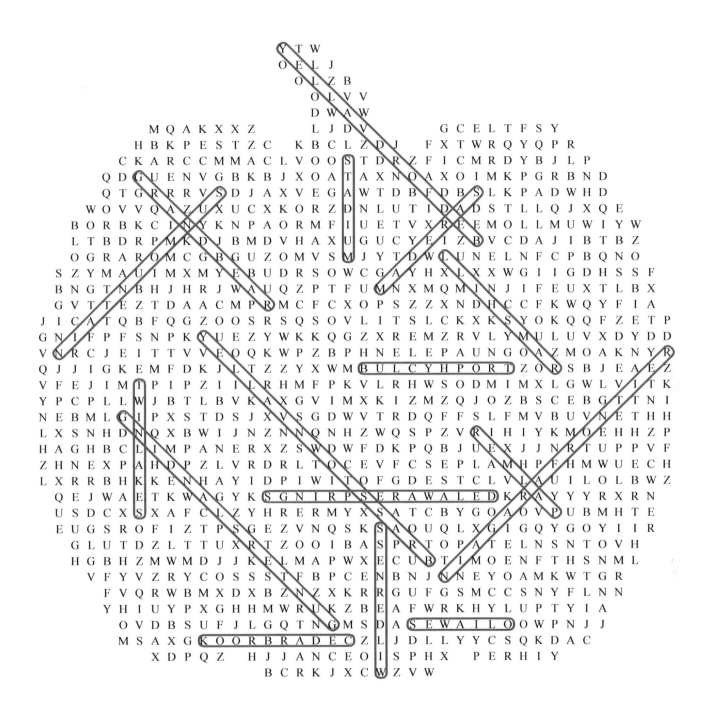

## WORD LIST:

BEDFORD VALLEY

BRASSTOWN VALLEY

CEDARBROOK

DELAWARE SPRINGS

GRAND BEAR

GUNTERS LANDING

MADERAS

NIAGARA FRONTIER

PALMER

RAMS HILL

SEWAILO

STADIUM

SUN MOUNTAIN

TROPHY CLUB

TWIN LAKES

WILDERNESS

# More Great Golf Courses

To save space, words such as "golf club", "country club" and "resort" are not used.

```
            J R B U F X                          Z I W N I N
          K S T Z J W S J Q A              H T X R B O I T W E
        H K F Z M B N L W P B J          I X M V O W U H A B J T
        P P C R S J M F G O N Y H        L K S J T Y Y V Y R T G Y
        E F X G V J E Z F C K A L        Y G S D F A D O N N D N P
        X V A Z X D P Z A J Y M N        N C M M E L W D E O R V U
    C K F Y   S E S F Y H T Y X P Z X    D O U H N H F M R Y W X   O O D L
    L E E E L Q   X R M L U A M F Z X Q  J Z C C U Y F T C C   E U M R I T
    L W E X T I Y P E R U C K W T G G M  K C E H E L B X P W C F U G W H Q
  S B N R X V L L X C A W O T C O M F    V S D U R A B O M O U P G T C R O L L
  D D C C Z N S C V A F K D H F A L A M  Y H C V L N A W G P N B T E H J K N H
  E B Z K X J A H F W I H N O O M B Z W  U L K F H D Z H S U P C K S V B S Z S
  U M M A S M C H T F K L N R S U S L H  C B B I Q S A A T V K W O B C I S L A
  V T V O P C K Q J U Y A W A E D I H Y  J K O O W B H G C G V X N C E P B U E
  D W Q E H X Q G S L S G V Z T O L P I  R F N Y H V I J G W G F J T Y H C R E R E
    D O K Q P M Y T M K W V I H X P T O  L S P W O L L O H K W A H Z F H Z P I W
    N I E L P E U X V X Y F U O W T S H  F A J I H V M J U F O J B F S W D P C O
      J P C V Q D Y R F V N J O E H W U  A Y N U E K S G X Q C W A H T F A W Z
      J J C D C C N J E Y R U U V A R Q  E H O G Y W F Z Z I C K D Y E A
            V L S C L J N P A I B U
            S U D K R O B X T D T O
    B J A V B O G X I F H T W K K Y W T  Z F U A A G M K N I U D F H L U
    Q F G C E Q J T E T F R C E W N H R  W C T N Y H N D E L R G A E B R B G
    E H C O V H U G Z Q X G J C L A T U  U G M P T N Z L D G M V G V J B Y L F L
    H S X C X E W K A Y Z P M I C M I Z  H J R S V K U O S N I B Q H I D S A G H
  O U A T I H D L P S X Y J M R U E A G L E B R O O K E Z Y A C G Q A K L C K L V
  U V O G R S A W X X T I Q E L F X M P  R Z M M S J O W E L V P L Z S K Q Z O
  G S X V N K H W D F H E P X G C T F P  T M R X E W W K T D Y V C S M H P E P
  Z F I C G C C U J F M P F Q K Y E I D  K K U R B O O H X N T R H E O O R L D
  B Z D Z D Y O D M J O A M E D Q N T F  O L V J E L K L C I B P A U K R A Y U
  U W T R X O Y P B C Y N X V H E Q J N  T G V Z K F A A W Q F X H M W S J G M
    R G O C M C P T P D N L C B Y W O S  C C A Q X V K L S Q M H Q V T E E R
    K M Y N P K   L M S T Z A G T O X E  T E T A G E N O T S S   S Y B F O
    Y X E L   S L L I H R E L D N A C    V Y M P N Q U T P L J U   X V Q
        Q M K W U R E T A J R A M        U K P Y B V P S I V S D O
        C Q H X E R H C B W S M G        J Y V E R P A L O S H E I
        F E U N C A E X Y L N P H        Q O P W U S Z M E G O F K
        B Y S U I W Y F H H F A          T H Q N X H M J S B H B
          L T D X W C A U H R              I P F T D M E M N Q
            M E N S Q L                      G R L W T J
```

## WORD LIST:

| | | | |
|---|---|---|---|
| BLACK HORSE | HAWK HOLLOW | ROYAL HYLANDS | WOLF |
| CANDLER HILLS | HIDEAWAY | SNOW MOUNTAIN | YOCHA DEHE |
| COPPER CANYON | MARYLAND NATIONAL | STONEGATE | |
| EAGLEBROOKE | OAKCREEK | TPC | |
| EL CAMPEON | PINE BARRENS | VERRADO | |

# Golf Brands Then and Now

To save space, the word "golf" is not used.

## WORD LIST:

| | | | |
|---|---|---|---|
| ADAMS | GAUGE DESIGN | MITSUSHIBA | SONARTEC |
| BOBBY JONES | HIPPO | NEVER COMPROMISE | TAYLORMADE |
| CLEVELAND | JAZZ | ODYSSEY | TOP FLITE |
| DIAMOND TOUCH | KZG | PINNACLE | WILSON |

# More Golf Brands Then and Now

To save space, the word "golf" is not used.

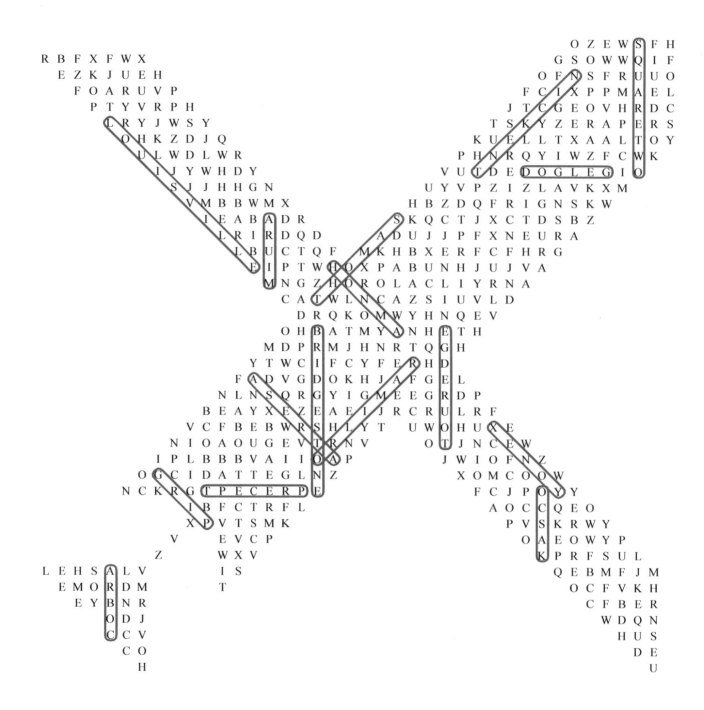

## WORD LIST:

| | | | |
|---|---|---|---|
| ASERTA | GRIP | MIURA | SQUARE TWO |
| BRIDGESTONE | HONMA | NICKENT | THOMAS |
| COBRA | KASCO | ORLIMAR | TOUR EDGE |
| DOGLEG | LOUISVILLE | PRECEPT | YONEX |

# And More Golf Brands Then and Now

To save space, the word "golf" is not used.

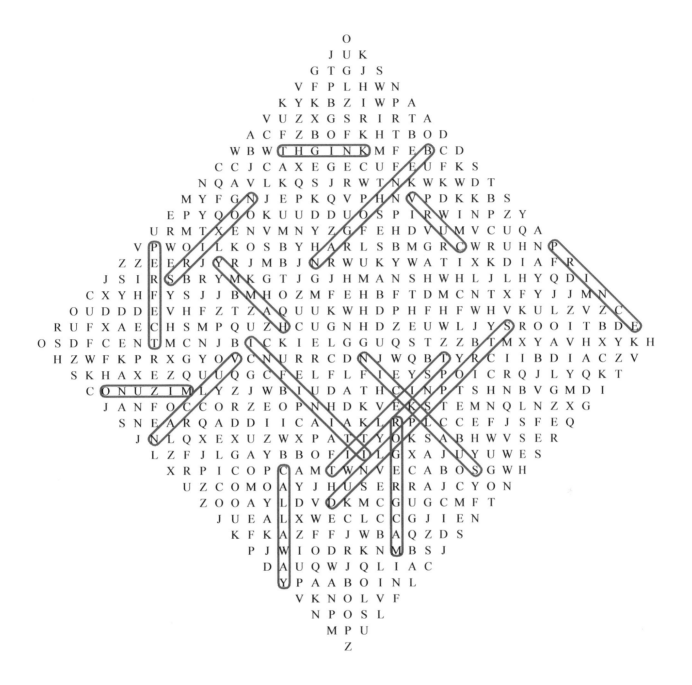

## WORD LIST:

| | | | |
|---|---|---|---|
| BEN HOGAN | HAMMY | MIZUNO | SRIXON |
| CALLAWAY | INFINITI | NICKLAUS | TITLEIST |
| CURV | KNIGHT | PERFECT | VULCAN |
| DUNLOP SPORTS | MACGREGOR | PRINCE | |

# Still More Golf Brands Then and Now

To save space, the word "golf" is not used.

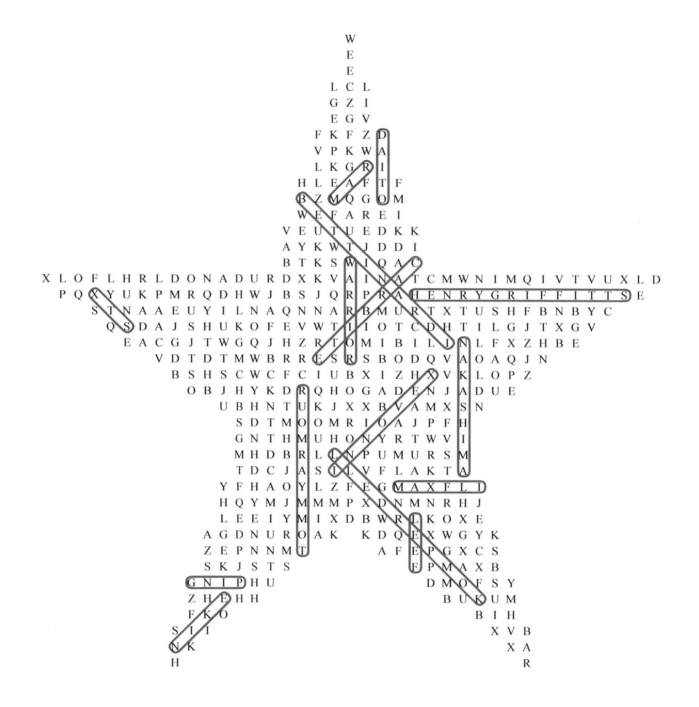

## WORD LIST:

BETTINARDI

CARBITE

DAITO

FEEL

HENRY GRIFFITTS

INNOVEX

KOMPERDELL

MAXFLI

NAKASHIMA

NIKE

PING

RAM

STX

TOMMY ARMOUR

WARRIOR

# Hall of Fame Caddies

To save space, the word "golf" is not used.

```
        L D P Q U I                          S Q Z Y O C
        V W U S E X J M F                    E E B C H J S D B
    K L E N R S I Z D N N                    L L T N D P U Z S A U
      F N K K N B C Y M A F R G              X Y Q K X J L U Y G P Y F
    T X Z M I U O W M E X U Q D Z            G E U X G W O F U T Z R P R A
    C I H E G A J C G B O O J P W            E O F D N X N M O H O I X A U
  N N P B R O A M R C C Q I C U G Y          Z T L D O O P Q L X I Y T P U O M
  G Q A W Z R V A S Y I C V W V X M A    Q A H K V E M F G M U Y Y C W I X A
  G J O A U M X G X C B C G D D S A V L J R H W B B C X T C D F D H G M P H
  P Q F S E A P Y E A K K P C I Q P S D D I T O N N E N E Z P N X E B M R N
  M P K J K N D S K W U V C K H Z M A M L N N H O L Z K J G N D U T X Z G D
  F S E T P U Z E I N Z K G Z L N S Z F T H O H H Y Z I I J M W O T Z S C A
  W G E T P C Y C R Z L D P K X P C D C R Y N L W N S P M G I Z H W J O P R
  Y N S P U Z B D M B P Z C A K S T L U A E N O C L E N Y Y K A X N T O Y
  L J K I R R W O F Y M L B F Q N V H O O P G U R K N K T Z G C E U D Z O
  T M G X Z S N Q J L K T T X D X N T O G D R V A U B I H U E P S R L
  D L O W G R O R P N H V P C W O J P C G P M X O Z C M O Y P T C C U G
  B D V H I S N Q Y J M I S T L N E M I C N W B S C R R L U O M C W K
    X Z B Z N W K T Z J V C J O A U F P V E L Y H N Y N W S G F Y F
    G I M H Q W A Q A A H P O Z R G W S G Q J E A A D F Q C Q T F J H
    X I R U N Q F D A J F Q R F D R G K R G M K A L L I V R U S P
    W W G B B T N D H O A X F Y Q H Y O G A J S N L P L D X Y L W
      A M H I C S Q S G A N P G M D E W R R C X H U O V Y F O M
      F E P A E D I E M E H V M E N N A O H Y H Y A K X U H R T
        X D U D N P J D Y F F Z K I S X F W M B R P A D N E D
        S B O S Q L Y D U Q Y M S G H O D W I R H V N H D
        Z Z I S F I R I Z Z O L T O E D T N K S P D R T T
          O O Y L I S T K K A K F S M R L Z M W X D O D
          N P N X C F L Y T Y I I M I M I Q F G X T
            Z B K E C I R E A V T Y V P L Y X T A
              C C U R R B C Y L M T Y F E P Z S
              S V F B X G O C F B M Y C S B
              N S F G Z Y P A E L B V G
                A W G Z C Q Y B J J F
                W Q T D S H V W U
                  D B N L Q T J
                  P K U G I
                    A Y X
                    G
```

## WORD LIST:

| | | | |
|---|---|---|---|
| ARGEA | FYLES | MCNAMARA | SCHAD |
| CAROLON | GEIGER | PETERSON | SURVILLA |
| CICCONE | GORMAN | PRITCHETT | |
| D CONE | KUNKEL | RICE | |
| L CONE | MCCOURT | ROY | |

# Hall of Fame Caddies Too

To save space, the word "golf" is not used.

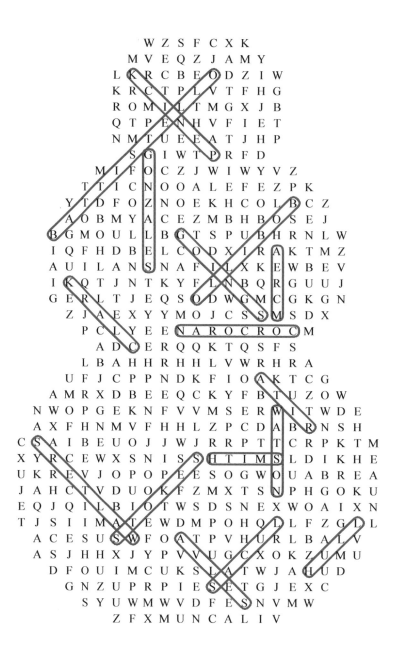

```
            W Z S F C X K
            M V E Q Z J A M Y
          L K R C B E O D Z I W
          K R C T P L V T F H G
          R O M I L T M G X J B
          Q T P E N H V F I E T
          N M T U E E A T J H P
            S G I W T P R F D
          M I F O C Z J W I W Y V Z
          T T I C N O O A L E F E Z P K
        Y T D F O Z N O E K H C O L B C Z
        A O B M Y A C E Z M B H B O S E J
      B G M O U L L B G T S P U B H R N L W
        I Q F H D B E L C O D X I R A K T M Z
        A U I L A N S N A F I X K E W B E V
        I K O T J N T K Y F L N B Q R G U U J
        G E R L T J E Q S O D W G M C G K G N
          Z J A E X Y Y M O J C S S M S D X
          P C L Y E E N A R O C R O O M
            A D C E R Q Q K T Q S F S
          L B A H H R H H L V W R H R A
          U F J C P P N D K F I O A K T C G
          A M R X D B E E Q C K Y F B T U Z O W
        N W O P G E K N F V V M S E R W I T W D E
        A X F H N M V F H H L Z P C D A B R N S H
      C S A I B E U O J J W J R R P T T C R P K T M
      X Y R C E W X S N I S S H T I M S L D I K H E
      U K R E V J O P O P E E S O G W O U A B R E A
      J A H C T V D U O K F Z M X T S N P H G O K U
      E Q J Q I L B I O T W S D S N E X W O A I X N
      T J S I I M A T E W D M P O H Q L F Z G L L
      A C E S U S W F O A T P V H U R L B A L V
      A S J H H X J Y P V V U G C X O K Z U M U
        D F O U I M C U K S L A T W J A H U D
          G N Z U P R P I E S E T G J E X C
            S Y U W M W V D F E S N V M W
            Z F X M U N C A L I V
```

## WORD LIST:

| | | | |
|---|---|---|---|
| BATTISTELLO | GOINGS | MCREA | SMITH |
| BOBILLO | GONZALES | PENICK | STOKES |
| CLARK | HULL | RITA | WALTERS |
| CORCORAN | LUCAS | SELVA | WATSON |

# More Hall of Fame Caddies

```
                        H F X P O N Z U B I
                      X D R N C L Z R H T O C X Y B Z
                    Q V F D A M M Z J Q O F Z J P F I U E S
                  H V O M N Y N U R P N J S X W H S D P T N C
                Q U E V V Y H G N E I H G M Z R S B W E D C L Q B J
                  B D C B Y C H O A F L F S D P L I Q Z I L T U D E A S C
              X X Y H O F B N R U C Z V U I J T R L T Z O F B C U Y U G G
            M Q P O W F X S G U J N N D K K I M Z G U Z J S J T K N C P N R
            X U L F Y Z X Y       G G F F K H D G       V I P N K R P H
            F W L B Q U A R M       M Q A Z Y F J H       J C S K F E S M E
          I Q A S W I F U C N       Q G N Q U R E H       I S H M R Y Y E Y X
          K N F M U Q Y Q V E       V O L E L D Q M       A Y F T H N C H H C
        C O H F W E A G E E A       H L O K J I K M       T B J W T O O N H R R
        O C D I W M O E I H B       M Z N Q X O F N       R N W H G L P T G Y L
        A V R V K X J G M S V       R D C G W V H Z       B B F T X D R M H D M
      L B H L Z B A Y A F M L       S C U A U K I N       N K X M L S O H H L O L
      P P I B L H W U O W K A N T U G R K P J B A F U H Q D U N O B H F Y M W L B I R
      Y S G S M F T C G E A S W Y D U P Y R B T V K N S A M O H T S O N B Q D A M E T
      T J F G L L A U O A Z O N K H V L P G B P C A Z Q L N Y S V K P M C J M Y B I
      W W C H U M O L F P G Z Y F I A N Y M I Z M T G U O A K Y E P V C N Z D O R T S
      B D U O F V Y W A Y G D N J Y A O S R I C Z O J A X W F V N D P A A G B U E Q P
      Q Z T X E Q W X W T Z L I U V J A T L K X D X A R N I P T E V D V N J D A E M W
      P W F Y C J U K E L S J T I G G W O O S I B I Z R G M F B K J E J W B G Y D I Y
      Y F H N I M     T P F G N L R A N L X E L P R I B C O P Y H G O R I     I K E F D Y
      Y K R O N U     T F C H L A D P Y J O H W F H F B X O A T I R E M C     B C K Z C Y
        I Y A R H     R Z U K O W T M W N V S L L P E F F I I I G Z O     B V Z M E
        D D W E V     S S R P T O H L N L P S L J X E Q P L H I R     V J O U S
        O B F P U A                                               O P H E A S
          R V A N S                                               A U A R O X
          T Y X T V G                                             C J I J R Y J
          D R R C H D                                             M W F X W K Y
          H P O S R S M                                         O D S X F T K Y
          V G Z M K V W Z U Q Q T X B X H Z I M Z S W S E P H M R F Y J A
            J C P A V I Y M R Y N K I B Y Y C J V P X P F N O J O E S J
            I R I I K O O C E N C W P Q Y A L B Q Z V H N I G F N O
              I Z E L V M E S S U O R A B Z H E Z X V B Q N F V G
                H A R L M Y W B P W X N H U N N W U S Z K O R W
                Z H I B D L G G V X N B O L B O S N C T
                W W R H U S U U M U X A Y Z P L
                  W C N L D W D D G Z
```

## WORD LIST:

| | | | |
|---|---|---|---|
| BAROUSSE | FAY | PERNICE | THOMAS |
| BUTLEY | GRANUZZO | POWELL | WANSTALL |
| COFFEY | HOLLAND | REYNOLDS | WILLIAMS |
| DYER | JACKSON | SULLIVAN | YOUNG |

# And More Caddies

```
                                    P
                                  M F Y
                                Y E A C Y
                              D C Z L O K E
                            J N U E Y D C Y L
                          B P Y X W Q N G D M U
                        D D R R I J Q E I U M C E
                      W J N U R S T V P H U R M M T
                    B T L T R T X Z A P X D E Z I X K
                  G M Q W C E N T Z U I Y A L P R P H E
                    S K G D O G A Y A A T H L J R F I O W K H
                  M V N I N O N G I X M O S Z M D K U C Q C A A
                D N S D E E K I N Z L G E Y M M L S Z U C N B S N
              L L T B H F G M H R V Q C B L S C T W D C U N W L S S
            P J O X O A H Y T A B Z B X G J O O W R P H X B B O P L P
          M C T U C Y A R P M J U G B B B Z N C Y P S K X L O W R P T J
        H B J Y M Z P A Z R A E K E Z U U W Y M A T C F R P E A B X C O
        I F A W D W R Z O M P O P H K A B L J U A Y D V T H A V R X L H C J P
      B H W A L N S G A Q J A F W D T S Z S J A M V I D J U A W Y R A O N R V X
          B P I M X           D X B Z Z               Z D S P O
          S O Q D I           S V K A S               F E M C K
          S D W Y V           J R H N X               G A K Q K
          X X W T I           I R G S Y               N N U B
          P B K L F           O G E V M               Z T I R N
          G R N Y C           B E E J V               G S L I N
        E E K D B O J G D R X E Y T J B D V M C L Z B K T A L
        A I L B K P E X Q N O S S E N U S H Q I W L O G V B H
        O I K Z R T K R W B D Y S D Z W R T J K S X V Y Y F H
        H I K G Z D U J L G F E F R B P F R N A Q X Z J K X W
        F I J B R           H P B R R W O R Y J J I I N S M
      A O D T C             U N V R T N W           L P Z K
      M I O B Y             F Z R Y Q I S           F J E L
      I E T G X             F F X Y D I L           Z Q N H
      K Q B C V             D Z P I K B L           A G I P
      R M H D H             T I C T L Q E           T A T N
      K L R U O I Q Z G D V J K H C K F Q       X   Z X R R
      U L O U Y D S K I R V S T V R M K H           M A A G
      D K A P C L V O O I O G Q A U Y L M           U L M Q
      I M L T J L Q S N N T R W P C O R             E M K A
      A T D W P F L Y G C B M L J G U P F           J H M E
```

## WORD LIST:

| | | | |
|---|---|---|---|
| AITCHISON | CHAPMAN | ELLSWORTH | LUETKEHANS |
| BARROW | COHEN | FOY | MARTINEZ |
| BROWN | COLEMAN | HOUSTON | SHIPPEN |
| BUNN | DICKSON | LOWERY | SUNESSON |

# Still More Caddies

```
                              K
                              V  D
                              S  B  A
                              R  G  P  O  J
                              S  Z  X  Q  X  S
                           N  R  J  S  T  F  U  T
                        L  T  D  K  O  H  V  E  T  U
                        Q  B  K  R  H  J  Y  K  H  D  N
                     R  N  F  M  J  E  K  Z  F  Y  T  I  B
                     V  U  X  B  V  M  E  D  P  A  D  V  Q  N
            N  I  C  K  L  A  U  S  S  N  Y  M  A  C  J  U
                  L  E  H  G  J  R  X  E  N  E  L  D  D  K  N  Q  L
                  E  U  P  W  N  Y  R  N  E  C  I  N  S  D  K  I  Y  Y  S
                  R  Y  F  W  A  H  A  R  W  C  N  B  Y  M  E  L  W  Q  D  O
               Q  Y  G  O  Z  M  W  S  N  A  W  O  C  F  T  X  D  Q  E  Q  O  Q
               G  P  M  O  O  T  L  C  V  N  C  T  A  P  G  G  E  W  K  V  D  S  Y
               G  D  O  X  K  K  R  S  R  R  M  M  B  C  I  K  L  M  A  V  E  W  C  W  V
               M  O  S  G  P  Z  A  E  M  X  L  H  P  X  Z  D  L  Q  I  W  N  Z  L  W  I  I
         C  P  Q  T  B  L  W  H  V  V  I  K  Q  K  Q  M  D  F  N  Z  N  K  T  Q  J  K  J
         I  D  O  U  E  Z  F  J  Y  C  D  I  I  K  N  H  H  T  I  F  U  W  Q  I  K  H  J  Y  X
      C  C  N  R  Y  Q  S  N  S  O  I  E  P  K  O  K  I  N  D  U  B  E  Q  C  S  J  V  Z  H  B  C
      Z  K  G  P  T  K  G  K  C  M  H  Y  A  S  E  T  V  F  T  C  V  A  K  E  G  U  K  M  G  S  H  B
   V  E  E  Y  A  O  X  R  Q  N  O  I  N  R  A  B  K  E  L  A  M  J  H  K  E  D  L  X  S  L  K  O  O  P
   J  S  D  M  J  Q  Y  X  B  H  S  I  E  S  B  O  P  E  J  Y  V  X  Y  C  X  Z  P  U  O  O  E  F  W  W  T
C  S  E  C  E  K  U  I  Z  L  Q  B  D  G  M  O  B  N  U  B  Z  H  N  J  K  O  P  N  E  W  R  C  O  B  P
   Z  S  T  V  V  C  Z  U  D  P  S  N  T  T  X  I  N  J  J  Y  Y  M  N  P  T  S  M  Z  C  O  A  G  C  R  J  D  A  Y
G  N  P  H  G  A  D  P  Q  U  M  A  Z  X  S  I  W  M  D  Y  B  P  A  R  U  F  V  V  E  X  L  Q  T  U  P  C  F  H  B  Z
                              K
                              W
                              Q
L  G  P  W  O  I  Q  J  X  C  T  S  T  B  L  Q  B  O  P  Y  R  N  Z  K  W  Y  I  B  S  Q  J  I  F  W  L  O  V  H  V  X
N  L  S  Z  F  S  A  W  I  E  M  H  V  E  E  Q  O  Q  I  B  Y  W  W  T  L  O  E  N  N  O  K  T  C  C  D  S  B  H
D  C  V  T  W  I  K  F  N  T  G  E  C  H  Y  K  V  Q  N  F  P  W  H  C  B  I  F  R  N  K  M  W  O  Q  R  H  U  N
   P  C  J  S  R  M  O  D  W  X  K  I  M  Z  D  V  A  G  L  H  M  B  N  Q  S  W  V  B  K  C  L  E  Z  M  U  C
   I  F  C  B  R  J  T  I  V  M  X  C  K  A  C  E  S  A  E  F  H  T  X  A  W  U  N  N  N  L  I  N  X  F  K  H
   F  L  B  O  Y  N  K  S  G  H  F  X  E  M  J  Z  Y  W  B  X  J  W  X  C  S  K  J  I  E  K  W  O  C  V
   S  W  M  M  I  U  Z  T  W  U  J  V  C  P  P  F  O  Q  S  F  O  Z  R  S  Y  C  N  U  P  S  G  N  A  V
   J  T  H  J  R  L  Z  W  I  N  T  O  N  J  U  X  B  D  I  X  O  R  R  X  S  T  Z  D  G  I  R  L
   I  I  S  Q  D  O  P  C  X  X  C  L  M  O  W  V  B  I  E  F  Y  S  Q  O  M  L  N  O  M  D  E  S
```

## WORD LIST:

| | | | |
|---|---|---|---|
| ANDERSON | DOWD | JOHNSON | MORRIS |
| BURGESS | DREESEN | JONES | NICKLAUS |
| COLLINS | EISENBREI | MEDLIN | TANNER |
| COWAN | HARTMAN | MEIKE | WINTON |

# Caddie Hall of Fame Continued

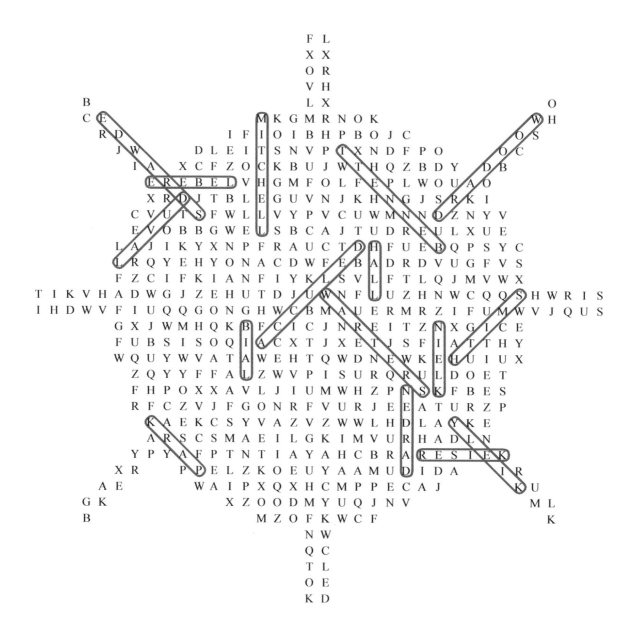

## WORD LIST:

| | | | |
|---|---|---|---|
| BENNETT | EDWARDS | KLEIN | PARK |
| DARDEN | HALL | LAIB | SMITH |
| DELUCCA | KEISER | LEBERE | WARTERS |
| DUVAL | KIELY | MITCHELL | WOODARD |

# One More Caddie Hall of Fame

## WORD LIST:

| | | | |
|---|---|---|---|
| BURKS | HALL | MARTINEZ | SARAZEN |
| COSTA | LUCAS | MCCANN | SULLIVAN |
| ELBIN | LYNCH | OREILLY | WARTERS |
| EVANS | MACALUSO | OUIET | WILLIAMS |

# Women's World Golf Hall of Fame

```
        H G G W B V                       G C X V H B
      G Q V A G E E X Y Q               R H U W Z A H H B F
    E M D S L M M I D Q N N           W T C M H H T M T K P T
    B G D X F Q V F G Z N Y Y         M V M G G M I G E S R T I
    W W Z K W F P Y K E W M Z         P X O Y C X S Q R L O U P
    F D I W Z Q L J N Q Y V Q         K I A O J K F G W C C S A
  E T O W   U T S Z I Q K V K U C N   M E M K I L L C L J E Q   N A V C
C R A W L S   X Q X S I D G Z L F N   E Q H D C F M A X G Y   G D F H R Y
  U L E B Z K C T K U U F Z A Q N E H C K E Z P Z F C X I K K T M M R V M
  Z I C R I R B T F C S M Y A R C H Z X K P A A G I U Z O O C F T L O A Q E B
  U N P U D N C M I I G F T H N Q H Y U V Y J P I M J D S G G U S B P H O O M
  M J Z Q F E Y T C X A J H A Y Q S P D V L X K G S L P A D F V Z T S F A E A
  M D Z M S L E A I Y S D F R E E H J   E F L Q I R D I R I A W C S C Z C F Z
  L O R S E Y I Q H Y L U V I J X W I E C W Y L E O S Y T X L U J W K E N N D
  D S D H Q O S B B S A F N A C B Y K G A I T F H D D Q L W K Q W S Y E I W W
  U S Z Z L K X W E Z M D S Z I I L W V H B N A V R Q Y L S T Z G O D O Z Y P
  K X V M C F A R G C X X C C N J U L N V A Z O N X H E U D J B J Y W F T C V
    A T P A X A O X K H L E G F U C E R S F N Q Q J B C P E D V Z A G D G Y
      E I P I J X V S P Z C K K W E D M Y F Q D B P A C B T Y D A P G W K
                A I S H W O E D H I M N
                A O F O E P T E B A K Z
    W U S W S D D S J E Y Z N L Z H N P R C H U I W X D X F Z D P X A C
    Y D A F Q W J D F Q R X D E B I N Y C E U Y X U M F H F X N K W E O B F
    Y U L S L C Z M M Z R O U V O X A H P M V P Q P L T F N Z M K F B G X
    J E A E C X D E W W G H O I Y C O X V C T H C K B M N R P M R M X P U O A O
    K I L K A U P B Y Y P M S Q M U L M L P Q E A R M W K Y R O J L X H Y U E D G
    N N F R Z E K R P X V H R N Y K O P I   W C U E G J B U N D A J P G C L N N Y
    V X N W I O D U M Y D H M V N M U R Y   D Z J B I C P S N I K M W N V S M X E
    A E B G J K N D U S B P R Z D X V E Q   I P N N A M C I I Y B H E I I V B R G
    R W N R G D I G P T V L F I R K L O Q   W F L A L E O L T I F F S Z P B B
    M U H E W B F V V A P C R A D Q Y P     I K Y R N R F N O T V A F A E P X Y O
    U D B A M H D L K W O O R A Q S A K     P G S B E A K X W N M C I U W N G W
    Q Q M Q Q O   C R L E W R W H Z N V     B I O K K V T O N D E   C X E Z I
      I G N S   O P R F T B O P A J R S     Q S I D E T R I V V C S   Z Y Y
            U N M R H Y H Y D Y G P T       T T Z B N T P L W Q M V Q
            F J B O N Y Z G B A X M W       J S J G H E V B L A F N G
            L W B R H B L E I G R M Z       F D A W W L T L O R D S I
            Q Q B Q H T Q K Q R D Z         P W V O L X O M J T Y A
              H D O V Q L J A T W           X D I O S L K M R V
                H Q C H U M                   N C O Y Z K
```

## WORD LIST:

| | | | |
|---|---|---|---|
| ALCOTT | COLLETT VARE | MANN | WETHERED |
| BERG | HAYNIE | RAWLS | WHITWORTH |
| BRADLEY | JAMESON | SHEEHAN | WRIGHT |
| CAMPBELL | KING | SHORE | ZAHARIAS |
| CARNER | LOPEZ | SUGGS | |

# More Women's World Golf Hall of Fame

```
                              Z F X
                              B B J L
                                I M M M
                                  X W K T
                                  R P U N
        G V M Q H N J              J Y K Z            U V Y H F A T Z
        U K W D K N L L O    C B A B O N A    O L P S H X O O V C
        T Z H V F Q M I Z P B B Z R B D M P K U I M B M P F U J L P
      U S A Q D J H L S G R T G P N E C Q A N W X T Z B M P L M O Y L
      B L T V Q H Q B J F W Y A K L W Z M Q G B M Y O Z F G H F N G Z
      K G P S A S P S K L W N R U P E I O L H U V L O Q R Z M V T U R H P
      B M Y Z D C C E N W C P H J C Q P T P E Y N Y V H O P Z A F  L E I N A D
      V I M F Z Z I Y F R B O V U J H O X T P Y T K J S P C H A P G W J M N Z
      P W N M N V T H G G X B Y U L J U Q F L O E P Z Q S U D G W W S H I X E
    M I S Q W A Y C W A P I G G F N T L J K Q K C A Y Y V P F T O N F L I G Q B
    V W C P D S H C S I K M M L D R A L E X F O X G K J M E H E Z Y H I I B V V
    A T B M X K X T X U Y K I O Y A P T M W U L L E B P I E V E M G H U Y G I
    Q E K P U N O W Y H G E H Q Z O X I N H S W M N J F E D Z R J K C G W I V N A J
    Y K V K P T L J B P F I K S C A Z F A E T T U X K U M U L Y H U C Q T H M J B G
    B P R R X B S K R U M C D F L Q S L R B D E M T Q Y Y V O J G N O E R V E S B F
    O F W P Z I N N G T R A N H U N P I X Q Q D X M Y K O P I I T X X C H F J E O W
    P I X H U T S J P A Y X L Q S S P G I M K X Y Z V V C U H M C I O Y F B B G W W
    D T O Z J E F C N Z S S L A R Q R W O U J B R M D A T V P W R N Y Z Y S G N J
    E K L Z U S Y Z K M H O E D O X Y N Z I V T O I G R R N Z Q I L A R D R L A C C
    X X P A R M W I V O B M O B U N L C B S C P C B J W V U N T V G S U R C X H H A
    P F D O J H C D D Y E F Q L J P R C M D O K O C N O U Q K R N A C O N V U A C R
    X U Q H U K T Z X Q R W O O Y E W E N S I R L O T A J V F E C P K A S B L B H Y
    S K G C D R E L P M E S N V W O Q N X F X C E K H V I C K M Y L U Q I X P J R U
    F K O W N R L I D O E H J C Q D C Q X S T I N D U J F X W Q N P R M Z C
    Z T B C N Z V P U N S F N L M V M V T F J C I S K B X Q S P M K L Z F W G W
    K D E X W A N V P W B U C F K N G I T Y Y K B U T J A A G C S L A X H H M D
        Z R I Q Y Q A C J R J I B A U Z Y P D N L K N E A L A R T N Y W B Q M A
      J E G G A S V N A N P L Y A W N L W A K M A E T S M B E D Q D M T E U N
        K B D V V R V J P C Z G R F J O R Z W Y S D Y L D R H V H F D Q Y D
        T W E C W P T I O B E I R Y M V O R P X P J N O H J T H X Y M N E
        P L P Z W N U Y C N Z O Z Z P P N S B G Q  T I E R T S  B D E K D
          C Z Z M I H Y P O B I M Z K S U S N C H K G H I K E Z J M E
            G C B U Y T P L J G F D Q M E X Y P P H G H K Y O E T A L U
            Q S O G A    C M T A M A P U U I O F B    R S A U L U
                      W W I S T X G D T E D
```

## WORD LIST:

| | | | |
|---|---|---|---|
| BELL | HIGUCHI | RANKIN | STACY |
| CAPONI | INKSTER | SEMPLE | STREIT |
| DANIEL | MALLON | SE RI | WEBB |
| DAVIES | OCHOA | SMITH | |
| HAGGE | OKAMOTO | SORENSTAM | |

# LPGA Tour

Due to space constraints, tournament names have been shortened.

```
            C F O L K G A L E F
          O L K Z O M F R H N Y H A S N Q
        H W N I I N X S O D V A W E B M S Z Y X
      H N F X G V U Q Q H S F L Y T R F J L T N N
    X J H C E T N I N E M O W Y D N I U D M W U F M W M
      G L L N O U L K S T V F C Y M L G B D O O L T L C D A R
      G K Y A Q B D J G O Y P G W F X G E S X A T E M I O O T P D
    Y W W T R M P Y Z K Z B N K B O H O X I T E M O Z P Q J D W E K
    Q P M D F U X C B Q Z M J B Y K S W J B V M A M O T O D W U K Z
      I R V Z T R G I V L B H A T M I E O Y E K Y L Y E H O L Z H F Z Y
    J I E A D E V H H H G V E K X D Z E X H P S T P K N Q S O E B Z B Z P
    T S J Q S Z T Q Q B T Z J A N T R R I I W V T E R A G X T S P E K N U T
  L S D T I M W L E F I L U N A M E B C R Y U E W Z X V O R O E A S Q J T F P
  W Z F L D Z M T M N I N L X U M O S Y F F R N P D O K R Y L Z V C Z Y X U
  P N K B K L D M M O A A I N I S I Z R X R X Y O T T Q M B A F D R E D X T J
K M W A X M Q B T S K A O I Q Z P Y S R T F U A Q Z L W R S C Y R E F T U O D P
K I F L S L P E O F F L D P P G N I T E J P Z K M S S A Q S F L Q F B U M M G X
J D M Y C Z J M B R Z P D V K W N I B U Z V U E V B I K R N V K C Q R F Y J
W A S C W L K Y X M F J S N G Q D M L N P F I A N S G C M Z R E W E D I S Z T T
H G S Z D G D H Y A K G J T D M T N R X L I P R K G H V E B V K N J V C Q P W
W I Y V X T I X F H P S G Q U U V G F O T N C U Y Q Z O M H D Q G U G W W M N P
K X X S K A G G H L A E C A L H M A B H E A K C Y C B H A I L A S P R Y T X A C
A O S E V R T R U P X J S T J U T F Q T N A G S D I S N P F H F R O L B Z O W F
J T Y I Z J F A C S P N K B D N G L G A U P V R U I A P M J O N A B E O U J A U
Q P Q T M D M N V U M R Z V L O E B D Y L W Y E J B X I F I T A I U Y C Q C P I
  A Z X K Q K L B K N Z Y S L T F I P A B M W D A I K O G H N G M L W R W Q Y
  B V R J H X L V N E W X D L R A V D L P U V N V S H T V T V H R D P E Y Q
  U O I X W I I I F N H N G F N D L Q M M Q K U X I Y U F G M S A W M B J I O
    O V Z J J M Z F P E K Z P P Z P Z T S C G O S U M R U S L D N G N L J P
    L Z O Y N S N I L J D A X K R N V T A L W F U O X M C J D Z I P Y P J V
    G V W Q G M O M Q C V B E J M U Q Y K A T B X I O G N K N N A J C O
    A M N K N H L U I K Y I W U D I V A U P T U N T F K I A P V H R T G
      S M B I W B F J H I O L X L K C F V S G B T C D T Z B R Q B W D
      N S K P I U E R T J X K T N A I V E I D M X Q N H X K N H
        I G C S D H H I Z Y I N U F L R P S L W U D L U E K O A
        S R D H B B P X Y W R A K X D H A L U K F P W I O N
          Z J W N A U L H L G K J H O V H V Q N M J K I Y
            Y R H G W K X A D L P B A R X T U T X F
            K S V Q U I L E X B R M Z A Y J
              B E N N K L D A F J
```

## WORD LIST:

| | | | |
|---|---|---|---|
| SCOTTISH OPEN | EVIAN | KEB HANA BANK | SIME DARBY |
| FOUNDERS CUP | INDY WOMEN IN TECH | MANULIFE | THORNBERRY CREEK |
| CANADIAN PACIFIC | KINGSMILL | PURE SILK | TEXAS SHOOTOUT |

# LPGA Tour Too

Due to space constraints, tournament names have been shortened.

```
        X L C S M S                          C K D Y E L
      G D N O S A H M H                    W P N K R T N E M
      E W F V Z X R W O T T                  K R X M R F S O Z I R
    M C F M V Q B A C D S G G                E G U G H X E Z X A M N Q
  C J A X I B C P I O X P O N F              P N F V C G R B G P J G P E B
  F K P T E D Q R K C H A L V O              G H D Z R K C H S N X U N S D
D I A C Z H U K P C U T C C R O L          E V A H Q Y X J Q G J Q W T U Y G
T E T J A L L F G Z C W Y O Q C B E      W O V A T J G D T E Y K O L I D J S
G U R K O O H K V W L X C P Z W T A Q Z L T W X S M A Y A I Z S C F L X X
U Y M P A S M K Z L T Y N H C N Q P U E J J T S B L G X I P K J A W D Z T
H Q T I S O E C O M F D O W L Z E X H M W P K W I A F F N I S Y V V K K C
T C O M S D H U O O X X U N S Y H R B U Z H C S N D M N C Y I S Q V F S P
U K H O H S E I B C B D H S S Y W G O P J H P E K N B X V X J R H T N S T
V J S U G J Q N D R R Q L I E I A G S L E O A L S O Z J P V N D P Z I B P
W V O V N L W O N H W Y K O M O J M V Q R F E V V H X Q D R J V W O V F D
  P K F N Z K G K C O J I K B W T Q T T C N X C G E Y K I M J W T I T Z
  F G T P K I X U H E I K J F P F H S W M H I M W K V E P O E Z Y A N K
  N F N N Q G O W B H N O F A M T R H C U K X Z F J G M R M R Y O D B N
  D D R T E G X R F O M A A U E Z I T Z U N B P I J H X W G Y B L W
  X Q Y A B E U L B F E J N I I N D B W D K E X U E M L S U C Z A R
    F T V W Y G C J T Q G G Z P C H X V I K J O V B T G X A V L A
    Z S E I D F F T P O N C M R Z N E V R N I Y M W C P X G M W U
      B X N S Z D D V W P A N H B S L Z O W R H C U Z A A T Q
      R K J X X P E O A C D B Q M F H O Y Z H I L V C O R D Y W
        F I S P W O D E Q N M H T A N D O J N Y D S M T Q W L
          P V G O P M P O A I S J L R A V A F N W X Z H F F
          H H L T Y Y W U H O Y W B M A T F C L X Q C Y C Z
          E Y O I P J O S Q L J O B L T V C X T M S Q O
            C J V Q F B P C R L J J W B H O Q G Q E F
              U Y I A M S Q Q E M C F C O O O Y M P
              M N K D U A F D L R S R V L N L P
                U P I D P G A G Q N J H Q P U
                X H K H I P V G C W R P Q
                Y J R W U L Y Y T C T
                P M I A Y Q F N W
                J O D B A B B
              H O T O T
                C E B
                G
```

## WORD LIST:

| | | | |
|---|---|---|---|
| ALISPORTS REIGNWOOD | ISPS HANDA | MARATHON | TOTO |
| BLUE BAY | KPMG | RICOH | VOLVIK |
| HONDA | LORENZ OCHOA | SOLHEIM | WALMART |

# More LPGA Tour

Due to space constraints, tournament names have been shortened.

```
                  V J D Y K R J L H D
                S W R Z E Y O U M W N X A B J B
              U F E E Z I N B V S M U T E T Z J P I S
            C Z J S J Y Z D M Q M G E R V V N E V B I A
          U U G P L H J V D S O M V H H G A O Q H N P H Y T E
        B N E L K B B D T D L E A S I P A J V R T E S T A I H T
      C V V U W F G T K B F L B B Q Z W O J Y D N O L H R Q P C J
      P Z O E E T X X M U I R O C S P S M Q O A Z A R K M V S X Q J X
    S E I I L M Q C         H U D U V I Y F         F X L N K A X N
      C N X D R Y H U X       J J Z M X M H         A V V I W J L G H
    Q G P X X A E I Y K       U R Z T O E I L       K B E J R F H S C G
      I I C Q Y T O X P P     O A N A J N K         P O O K U M H A U S
    N H L V Q I W R A U Y     J S K J E R T W       R Q U T O H E C M N L
    F X J S R G J H U L I     Q I G Z D K C E       E V B U S W O I A F P
    W K A P Q K T B A D I     D M X S E X N Z       G J E P G H N Z J A P
  A K J O V S I H W O K V       U S X V L J S C     F E C M W X F I E E Q L
  L I H S S S O E J M S H F S B G Y L I V F O O L U L A K Y I I W B D J C R G P
  A S N G O T Q G P G W D J K Q W A S H X G D M O G M S M E K X K X W D U X Q U R
  U O A N N R R I I R O F R E P G J J N L Q Y A Q W K I M I Y V G P H C I R M O H
  W T Q H V I T U X A L O D R D V V P B X U I J A Y T Q P V O S M C Q J Q N X V O
  C Y L I X K W U T Q P F L E E I I N T R B B U C B M C L J N E E C J X R E V Q M
  X D G X J S B Y U R U O T P U O R G E M C B H S V Y D S Z S N G Q I Q N P O J Y
  Z J P N P G C R L N L B C X O T L I A L W Z Z X W E Y K Y I Q A C F B O Q U B
  H L X T R N H V B I P I H G V J C V T U T R J G Y Y T D G G V M Q W S A R W
  A W W V F I U K K J D U K D W K J V Q S U L P Y B P G F C Y B M Q B N Y T A
    A N M M G F I X V G S I O X O E O J M B O K Y C Q M W N E J H E L G
    K X P G N R A Z T T W N H N O Q L G C N P V A P K S Y U Z M X G
    D F T Q I A                                       Z W X O U N
      I B O W C                                       B Z B N W O
      J Q D S J R                                     X C L Y I S K
        N M Z X D V                                   R S Y B A Y U
        M G O L B H B                                 J X X Z B A O S
        D R Z M U M K L M R S H F E L Y Z L J U O W U T T Y D X V K J B
        P T L M O G O N O I T A R I P S N I A N A X T H U K I C E O
          Y S V B E P L O R D T Z I R H H D N L I H H O F P A L S
          G Z G J J B T M X J M H W E Z K V Y V G Q O H M U S
            F D U A Z O Y N H U E S D S H E U D D W W J F D
              A V V B C C D O A C G J B G Q T G U N S
              V H Q J F H C O M H U D H G L Z
                H I U B Z Q Q N Q F
```

## WORD LIST:

| | | | |
|---|---|---|---|
| ANA INSPIRATION | HSBC | MACKAYSON | SWINGING SKIRTS |
| CAMBIA | KIA | MEIJER | US WOMENS OPEN |
| CME GROUP TOUR | LOTTE | SHOPRITE | |

# Men's World Golf Hall of Fame

```
        X A Y C C U                              D S R A H B
      Y S G O Q S S S B E                      T U K M V X L Z G C
      Q C R J I R R E H U Q A                  A V Y V F M N N E J H L
      R H S C E H X D V G P E O                U W L X Q P D R I I E R E
      W L D V P P P N V L Z J V                A F A P G L J E O X X W J
      M N C H W L O E E N X S F                T V N P Y T X M P C N Z Z
    Q Y B N   B L W Z S N W B X M X J          A F Z H U T P P I Q F G   J L T N
    W V O Q I W   G N C T H P C Y T S D        X T R N Z V R M I C T   D B N J S V
    O Y M X A H C R O U F G R Y C I K P        R W X M X K I X O E K L S B Q C A O
    V O K U O J E O Y R X L J Q U G S N W      C Y F B V C Q G L B H E Y T H X G S U
    B S M E W N Y E I W N T H O M A V S C      Q W E Q I B K P M O L Y O T Q X L T
    Q N E R Z I T V L Q O Q J F P J K R R      A F K O L H U R P M V M S Z O W H B
    O A L L I S S G W O C N J M Q M A F W      Q H M X X M G U C E J I M O B P R W
    D M D A J E M T O N G E X J H F Q W V      L U B N C T Z A D H E B A H N I Q R
    H Z B Y C U Q A V M Y B E U P B X F O      O R G S M P T M I R O L U P R H X Y Q Z U
    Q S A X C H T H E E Y E H O O B I G O      H C R E D A T E B D N V P C A H K X W
    F N W X S U D S C G R X R S A E S M X U    I O N K E B N Y B M Y T E R R D T Z
    M X E D S L Y H J V I J T A D Q U N F      I Q H Q X P B G X K Y M T G W X T
      H H G W P R H P K F E H R I K G G E B S J Q J N V Q T A E C H U D E
                      B T E Q Q M S N R N Z A
                      Q O S X K K W R A O I M
    F Y O N L D U E A X W R C L Q G I N V L M P K M X L O E E S P H L H
    J C X S Z Z T A X Y J B Z G B G F Y G S L F J N N D C B B B Y Q D N H U
    I R A V J H Q V H I Y L Q I K O R O D C D R K M J P E Z F Z V D Y X W W Z P
    V D B R G T T Y E O A J M U D P Q A B P O D G P Q T P J R A E F U Z C K C N
    K L G H W T X E S T S E L P U O C Q T T J L L D G F P Q K A F E G C R Q O M E Z
    T D M V Z U R X K X N B H L U Q G A Z      S V Z B Y B V I X I Y R N Y H C Z Y H
    Z W Z R F N H A Z Z M V Y S I A C S L      J P N G C W A T B H M M E O O P Y Q V
    H C T R A M N A O I B W K S S S B H P      Y K R B G K Y T W A B L O F L F P X
    D X Y P Z P N C X R S L R R Z P I T B      R R A S T X H P I X E Y W I T L H E
    T K K C Z D T H R K R U Y N D W H F S      V N H A G T R V O Z V P L I O X K R F
    C A R L A N N L M H Y E R F A J G G        K Q K H H E H M W O A E N R W W D W
    T J Z A D L   P G Z L R Y H L F C H        Z F Q G F H R P L A X   O N H F K
    T K X P   Q N E W B E F G X U B V          J D Z N V G F A Y Z W N   O T Q
          N O J G E S O U U C N Z P            V P F I F X N M H D M C Q
          L T F U A Y M F S J X U A            C I H L P Z K N N R S V W
          N E P G Q T E C F Y Z A O            A G P L E T G L I Y Y H O
          G R Z L J Y A H K I F R              V A I I J B U N V E W C
          D C D D S R H A V I                  L T M I Z D N M U H
            T I E A H T                          H F U A I N
```

## WORD LIST:

| | | | |
|---|---|---|---|
| ALLISS | LONGHURST | MONTGOMERIE | TILLINGHAST |
| COUPLES | LOVE | OMEARA | VENTURI |
| GRAHAM | LYLE | PARK | WOOSNAM |
| JENKINS | MICKELSON | SCHOFIELD | |

# Men's World Golf Hall of Fame Too

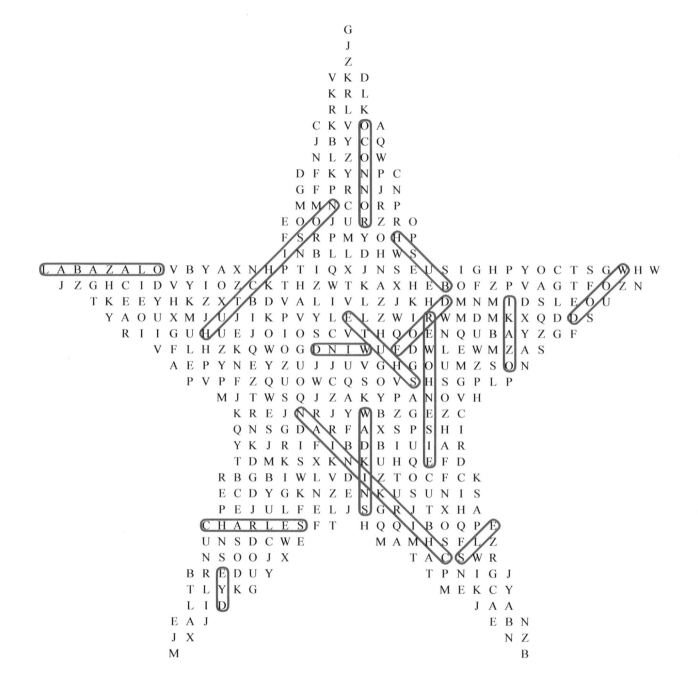

## WORD LIST:

| | | | |
|---|---|---|---|
| BUSH | EISENHOWER | OCONNOR | WADKINS |
| CHARLES | ELS | OLAZABAL | WIND |
| CHIRKINIAN | FORD | OZAKI | WOOD |
| DYE | HUTCHISON | SHUTE | |

# More Men's World Golf Hall of Fame

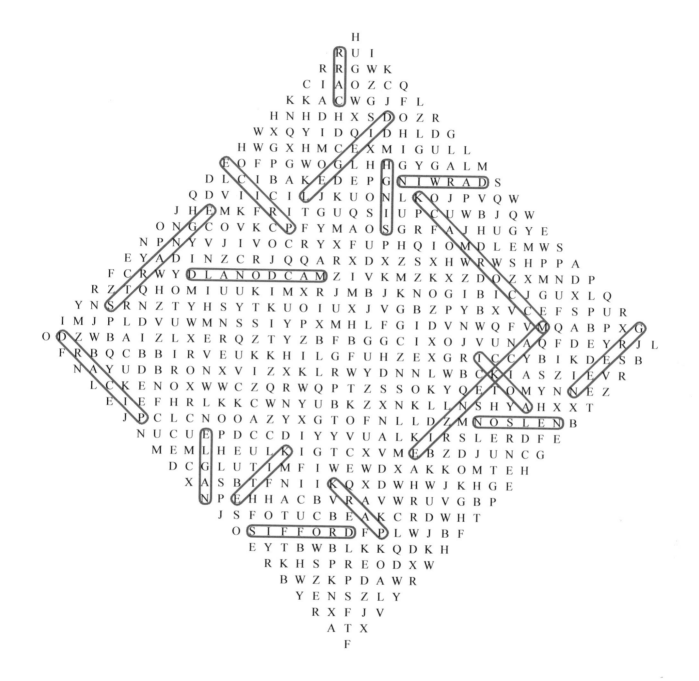

## WORD LIST:

| | | | |
|---|---|---|---|
| AOKI | KITE | NELSON | SINGH |
| CARR | MACDONALD | PARK | STRANGE |
| DARWIN | MACKENZIE | PICARD | |
| DIEGEL | MCCORMACK | PRICE | |
| GREEN | NAGLE | SIFFORD | |

# And More Men's World Golf Hall of Fame

```
        E K Y E I Y                           F C V K Q R
        O U F Y Y U J Y N                   O E V Y G W K Z H
        M V B K D V L J Q Y H             K O U V K O K B I J O
      G S A W W C O J R C C O H         J E Q F C G S M Z T X L F
    L N R S L E F M E K C E Z U N       S W Q K N L Q I R I X Q B S U
    U C L P T X W T C Z F V D K E       E Y O F Z M Z C Q J U E J U D
  J A P Z M S H X K V P K Q C J M       Z W I P F U S A O V L O Z E C H D
  F E I Q Q C B W Y U Y J C F A Y D F     V N B N E A F X Z N T H E Y S C T
  V C M I L L E R A Y Z E B O L I Q Z X A A J V L Y T E R F G P S J D N C S
  I C Q L S A X R Y R Q Y D R L V B V J L M E G B U B K T D W R K E I H R M
  X D D E O T F P M F T Z T Y A Y L A L Q E A S K S V P C A K X U W S Y F X
  O U V Y R P J L L G T S G P N S C A D B Q X O H W Q G B V D Q M K I F P
  Y K X W E E E Q L M B B E Y O O P B N T X A S R R M Z S O R V C K B A H K
  N G Z B T A Z V B U X N Y W B S H Q U G I W U H H T Q Y R W V D H R T P R
  Q M P U S G X S G Z I O O S V I M E H U E L F W T E K R U B R P C M V V D
    N S I E U S W T C Y I K B C Y I U V Q N R F W K P L U F O N I R I Q F
    O Z A L F D W K G R N B J J V D Q I R O F T P X C A B P B N W X U X Q
    A O F L K M O F N O M W L W X Z N A K O P U D P U G C D S Q X E C I O
      G J A F I X D X M U X W E F O P H N I I J P V C R D H P B J Q F Y
      W K B H E C F L P G L P B P V H Y T O R Y L V E S N N S E Z M D E
        U W M Z V W M A R I N W I C C W P N S W L N W B W P Q J X B J
        M I E H L O S J F A O L F J C X E B A T S K D T S M U N I A Z
          G I O Z R D A M O E M Z U Z J V Q V H R I E J V V A K Z O
          C D S J X E R X V M V K U I H W A A K Q E L N N V N P V
          O Z M C O L J W A W G M J P R W U F I H B F H O Q F T
          R O N R I K R B G S W N Z Q H S S G O B O F D E Y
          Z X W B F C V C E B Q E R U J C R O G W Z R G Y K
          X P G S P L O V D C W Z P A V O Q Q B U W Q G
            B U Y G S T E V N K Y B C V E F E Z A Z E
            B Z H U W L I W B X Z K F F U V R M W
            I Q S E T O O V J C L G B P G N K
            G Z U F R B O F E I S E C N F
            R I V D C G Z H N W I J C
            H K W R N S N O I E O
            M S E L O C E Q X
            B E N V C Q B
            U I Z S R
            L O S
            V
```

## WORD LIST:

| | | | |
|---|---|---|---|
| BALLESTEROS | COLES | LANGER | ROBERTSON |
| BEMAN | CRENSHAW | MANGRUM | SOLHEIM |
| BOLT | FALDO | MILLER | STEWART |
| BONALLACK | JACKLIN | NORMAN | |
| BURKE | JACOBS | PENICK | |

# Still More Men's World Golf Hall of Fame

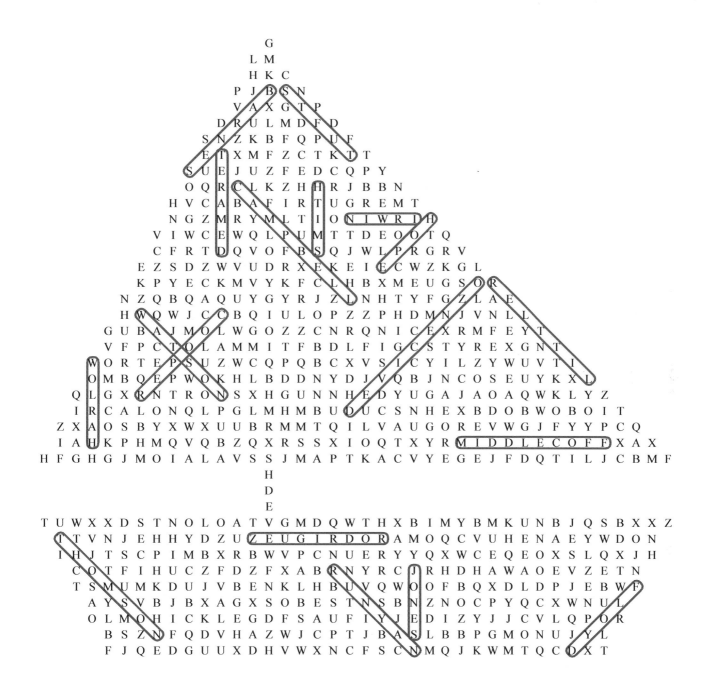

## WORD LIST:

| | | | |
|---|---|---|---|
| BARNES | FLOYD | LITTLER | THOMSON |
| CAMPBELL | HARLOW | MIDDLECOFF | TUFTS |
| COOPER | HOPE | RODRIGUEZ | WATSON |
| DEMARET | IRWIN | RUNYAN | |
| DE VICENZO | JONES | SMITH | |

# Men's World Golf Hall of Fame Continued

```
                    L N U J I Q E Z L O
                  S U V D L E W H P F Z C C A V U
                B J O E N I O J N C Y I J B H N B V I L
                R O Z I V Q T B C A B K E X F V S H Q N D Q
              E A I U U P P L W A X G A L O J E R N Y K H G Z U I
              V I A W E I J Y K V M V S Z V V Q M G U M M W R U R Q Y
            O D G E L R J T N M A Z F C W B D F E Z C B G R Y E L G M M
          T O F O Y S Q C L S S V S M F Q D K J O I N Z P T V I P D B T M
          A G W R V Q O T V D F N S F X J N F D T G Z M Q I H B V P A R F
        C R T R D Z X C Q K H L K E H X T F O Z Z W U D N R X U M N F H K A
        W S L U G O O S F M G N E F D F E W B S A O V O K C H T I P Z A L S F
        S M Z E B Q Y N S B A L L O P G B B W W I R H S I G Y V B P Z D N U I D
      T L C S R T C G Y G S D Y M N T Q V A S D R Z J T Z V I U C M P J M R D N G
      E W N O E D F L Z R W V J C D O L V P S O R A V Y V M Q V R C A E Q X B E S
      S V I N T U R S N G O I A O D C B I X I R O G I S O G O P K L M N U R J Q R
    J F I M W O T L R F A E X B H Y T D K H W M L T T B F E O X U B Q F V A O M D
    T O R S S P O O Y J T B R H R T F L U A G B J S D H V O Y W Y M B X G J S W D Y
    Q G A U T C J X N D J K N E O G H J Q E W Y N J H K W U G Q L S X R A S E Y W L
    Y W V U K D Z V B A I X O F C H A Z M G Y F V U W W R R M O F Y Q X N R X R Y P
    F C E E C I U I Y U V U S E N L U G Y J L G W F G C K X X S E T Y I O Z U X G
    N S R B E G Z M Y E W C L G F V L Y U H I L Q A M C D B Y N A T L F W U R U G J
    J W S Z Z C M B P P W B W U G P B E W E P D P F J T Z E Z L G U S T V U B A L W
    M Y B S O R C I Q T R H B N B L M L Z O I C U C F O Q M S T J O K P T U B M D S
    R W B F L C U M Z P T R S X D H B E M K A F Y M A B Y Z L A O Z J W I P K Y X
    O S P X N F S O P Y P I S O M Y Q T D S D C X H C W U H H N L M F H T Y L S N V
    N A X O D L G M V U Z I N M N C N P K O K U E W G J J U Q M Z U I E T H Y A
    X W X C J L A R R L W F R Z P Z E M J E Q L S K K H T Y E A L T K E E M C E
    A B F W N V B P Z A P F E S Q R V T W G O R Y Q P A M P Q L O R D A Q T M D
      F S I U U W X G F A D T Y G F F W E I F V Y F F D H E J D Q U S R V G
      F Q G W D F M X O P R I F E C Z L G N C C Y V P C D Y H K T X Q B A D B
      Z M Q Y I W K K N G I R A Z R F P T Z D L I Q Q K S L C S O R O B I
      F M P M W H A M B N W Z Q N J F W R C U N R O X V S U Y G F B X L Z
        E W E Q K G J P T W U V I F V Y P M O X D E B K M V L Z E J H N
          Y J J P P E G B N E D L E F H K S T D P J N G C U C C E Q S
          A L B J S O B G F Z P T C B T U T C O P H U P W Z X I L
            V F H T R M J W H S J R R G I E S W K G O Q Q G K D
            C J E A V S J N P P E A N K Z V G V X F S N D K
              C S N T E E Q B K V V B H L U Y M N X G
              C V B R O M N R V I X F T D G H
                  R O L W E X O S S G
```

## WORD LIST:

| | | | |
|---|---|---|---|
| ARMOUR | COTTON | LITTLE | TRAVERS |
| BALL | CROSBY | LOCKE | TRAVIS |
| BOROS | GRAFFIS | MORRIS | TREVINO |
| BRAID | GULDAHL | ROBERTSON | |
| CASPER | HILTON | ROSS | |

# One More Men's World Golf Hall of Fame

```
                              M
                            H L Z
                          L U N F Z
                        N Z E T K Q B
                      P U V A W Z E Q A
                    Y W C C P R T O F V O
                  M N I Z Y D M Z B V O K L
                K L F Z Z O V P E F U M B W I
              M R K Z Q X I S N D P V N O W U H
          W I Y   T A Y L O R   K L A V R A G Z F G
            U Q N A T T J F C R C B L V P D R S U H A
          A O W H S N O I N Y N M Z M O Z T W O B Z C X
        T I P L Q L D O P G R A Z C E T X C J T C J E V Q
      L N X T H U D Y M D Y I Y S N R I H R M G N R D X Q R
    Y V H J C E D F T E U R N X A J I Q I T H G U R O W U H C
  O X M O G Z R M P V R M V V I A G U X N U C J S C T I R O
M U C N X R D L W I M V O R O V L S E T E T E S U A L K C I N C
P I Q E A A E G M N T U F Q H Y H M N K E L C E X S P Y Q B A P H Z S
B Z E S S R A Y P W U N V O W U Z X U C I S X D Q S H N U F W S L X B X P
  W W A N P                 S L S W O               P A L D I
  B I L L K                 A M T N Q               H J V S R
  N X P V S                 L I L K N               N Z Q E R
  Z W L K K                 X C T Q A               V Z D O O
  Y K E Q V                 R O D J V               W I Q D M
  A Z V D L                 E Q R C B               U W E M Y
      Y A W U E I H J F Q T M B Z D T P Q U O Y C D P J P A
      G H V Z Q B D M V D C S W V N N N N I Z T E Y L Q B W
      S R U A N V E I F J D O U B E J G S O W Q L G W A U A
      P S R U E M I   D A E N S   I G N Y B U N B O M G U C A V
      O J G N Z     A             S A M I U D A Q T E N Q L W R Z
      D Y R Y A     Z             H U P F U S S           D S F P
      G D H E R     A             C P T F V C Z           A Y P E
      L A W B A     R             O S A H J A S           A V E A
      E H E S S     S             E C R L F P E           I X J D
      O I K F O                   C X Q M H G F           O C S H
      E S K U P C X D F A M R O W T I I N       W         D G A B
      N F U A E N T E Q D Q X I O O U E N                 G X W W
      N O S R E D N A   R W U U Q F F I X Z               X H Y M
      B C W S P Z G R W F R C U K U M R L                 W U C M
      F O K U A I O U D D Q X C E F W Y Y                 U Y M I
```

## WORD LIST:

| | | | |
|---|---|---|---|
| ANDERSON | HOGAN | OUIMET | TAYLOR |
| CORCORAN | JONES | PALMER | VARDON |
| DEY | MORRIS | PLAYER | |
| EVANS | NELSON | SARAZEN | |
| HAGEN | NICKLAUS | SNEAD | |

# PGA Tour

Due to space constraints, tournament names have been shortened.

```
Y K C I X K R T Y K B H G J O I C B B Y D K U P A T V N I S J N R N R E C F H X
E O E K T E R F N Y C V D Y V L Q Z E H N G K P C C O D W L X R H E C T X H S W
D Q C A W G X N Y U B B Y U W Q S H R H Q S B R J Y V Z P N V M J H G L Y D T E
J S A O Z A U E C A Z T V K V R Z S W T Q V F N Y Q H X A S U F L W C T Y O Y O
I X Q Y Z T V E W D N S Y P S T Z W F R R R X U X F I O O F D N D Q I K L I D
V W Y U L I P F C G Q U T T C U D E L J T O B N K K J Q N E P O X I N E O H P A
Z M B L R R J K R Y Y L J Y C H B V L I Q H D N Y F W T Q O Y A I E L W E B R B
R T J O F E W C T N X U Z B O K A P N Y W M M T Q Z G G V D J P P C F H A N P F
V T C T P H Q I Y D D L I N T B X A D A U N G H X N X Y S X V U L Q Q Q E T O
G M C F Q C E Q T E I V O M I R V G G R G X F B O S Y J U R O G V M L S J Y M
I T F F M B O H C B J Z Y Q M T P S E O H I E X M M M E N I W O N P D P E E X R
C H D I B R W L S J O R G E P I H S N O I P M A H C A G P V G K Q P Q H P X Z V
J J O L R P A Z O L M X W B A T G Q L L P A J Z V G G S T L S Q A H P M U B Z O
U O N H R S P Z V A J M A T N K X H B Y S G D N N J C P I H H L X U T U C W O V
X E P E S K F X N L I I J C P O R V B I O E S N I V F C D H M K C L Z Q H H E W
W I R I P U P O W E S I I N G O D O E B G Q Y N A I G U P E V P F N Q N A J A L
F P C L N O T Y D V N Q V M V B P N W R T C K G R H K E R A L R F V J O R O H W
D Q P Q H Z N F S Q K O N W M S L Q J I N V W J D A S M C K V U C R P L I N J N
Q E P E O N J O S Q W F Z E H O Y G M D U Z E N G X C P L X T C P A U G T U O A
Z L A I Y Y L M T B D T W F O D S P Z G O K N V V Q O S G G R D N T V Y H S N
K X L F U O Z S Y S G N A J N I I T E E D M T R N U O O U L M D S H F C C W K R
K F D Z S D N P C X U V X U O K R J H S D G X O V Q G B O E A X O W Q W L U U N
J Y X D P H W U L D M O K Y M Q S B E T A O U L R I V I Q V N N Y E H P A N I Q
E C Y K A J B H D A O G H D W M A B I O C P Y T C T E Q W H D H K L B K S H P F
W M M U Z V U L C B Y M V X P R X M U N N E K W E D A J G A O V S N G Z S A C Z
W J F I V O N U J U S E M G R K V T G E H J C C L C P B C A E S C M X Z I M W I
N N E H E V G O V U P X R A T H Z T I I P M A S X G G L S X A D O L I C S L H
Q U C L Q S S N J X O F C S C T Q J R N Y T V H D G A H G R C L K D D V U D U C
Z Y X T J N A H V L A U E W C U S K D V N L S A B S Z H O L D Y B I M B F R Q L
N H P M W J D F A K D U H Y K H U Q G I E N F R S S Z T T Q G G C B Q O X B X U
N Z X U L O N I J A Z A G E U U A M U T N S Z I E B K C E Q M Q A N C E Q W Z T
A V A Z Z L Z N M U T B F R W F X M C A U Z C B S L O Z W C A Z W J D H Z L Z J
H N D C V Z Q Q B A Y A A C V E H O P T Y E O Q T A E T H B K G E P G T G L G I
W D H G A Q E V N W C Q P Y U W L D U I C U N B G Z T V U T J C D R M F Q J R V
R X Y R F I G B V Z X X H F L D O G R O O E C N K V W O A I K Q X Z U Q W B W W
K T K V L H P P O O Q H A J V D P E J N D N F A K W M Y T R D U P Z S F L M T L
V H Y M I Q D O S B U F I G M Q L V G A I R S K E L I X P Y T N C Q P G V U Z I
O Q B V Q M K K A A U F W F L U Z E J L E Y H T F H Y I M C K K L T N F Y D C
G W X Q R B C E Z J K R T D Y S A A O M A J F S I R G O P H M T L Q R V S I C L
U X G G B Z N P Q Z D X Q P S W Q T M H H L C V P I J Y H E I G I J L K T K V
```

## WORD LIST:

ARNOLD PALMER
BARRACUDA
BRIDGESTONE INVITATIONAL
CHARITY CLASSIC
HONDA CLASSIC

HOUSTON OPEN
ISPS HANDA
PGA CHAMPIONSHIP
PHOENIX OPEN
PLAYERS CHAMPIONSHIP

RBC HERITAGE
ST JUDE CLASSIC
TRAVELERS

# PGA Tour Too

Due to space constraints, tournament names have been shortened.

```
              I K D O O I T K Q V
            T T G V N D I D U M J W V S L L
            I C R M M O D D P Y O D J W T C J P A W
          N S H R I N E R S O P E N S Z M R B O E Q Z
            W U M M I K Q E H X U H N Q X A U Q Z U L C W Y X M
          Z K X W B B R T V C U I Y T C K F J P Y L I C W G S K
        L E G O U H H Y E N S E C Y S O W G R T S Y H B I P M F H J
      W L L Q J M C Y Q X A E L Y B U J U N E F B D W V D M V K L B P
      R G M W B K E I K F A A M O B M A Q W A O A T Y M D X Z I G Z H
      T O L R H C E W V E C Y B W A T W K R R N J K E P S N P L X I J U Z
      I R S D B Z O F E W D O J U P V N I W G F W W G Q L L U T H U I E Q K U
    A A M W E U L G A X J P U Z P F O R O L R K T T R C R D Y H P F W Z K
    O B A U D F I W Y H X G N Y E E G C H U N E P O S U S T L U N W I Z U N U F
    V Z L N W E Q O C G O T Z R A V H K Y M O U E M G T I F H E I L Z W P F Z M
    T N R A T B P A N E I D R N B J D T B C C T T N D C J S R V Z H T N X U C
  Z A V K W S E V C W S C B R A S F A N R U A A L E A M L W D F B M D Z J F L S K
  J X B I E N F O U B C C L Q T U M J Z Z B O Q D A I P F R C F X P N E Z A O R J
  U X K B G Z I C L Q U V J T M T W O O Y R U I L G I S Y W O V D U Z D Q K F B
  I J Y G C I R Y E P V Y E D Y V E H A B G S U U H W R U J Y W U Z K X N V U M K
  L O Y P K I Z L D D T J G Z D Y D N M P E C S Y U B D O B P M O Z Z V U P W T A
  C H B K N F L B N K M B J S R L A D T R R M F H J Q L I M J N A Q L K L H S D N
  O S Q H A E G N A N A G A A Z E U E P T P L C C K H P Q E E L K N B O Y R J D J
  P K D E O X P Z E B P W Q J P R X E F O S D Q X Z S W Q K Y M G T V J S I H J Q
  Y Q U A O G P O D U U H Y L F W U R Y N C O S C S R B A F H O Z U I I W R P D T
  K Q Q I V N I Y O S G K O G T K U E K Y S R K E K X L T U A Y I N V X A E Z V X
    F D R I F B I P C P M Y E Y M P C R Q N U Y V V S M G H B Z M H D M R P W C
    B A B F I L E J K I A K Y W L X L H G V C Y U Z K P K D W N U B Q Z N S B M
    Y A U Z D Z N D R N R B R K H Y A D D O O B E N Z F S Y R P O V Y C Z I A D
    V A L P N O B J T U O T O O H S N O T E L P M E T N I L K N A R F Z J B
      K A A S I Q N K M X C T K H F S D Z Q R D S I L N Q E K Y U V K T Z W D
      T T H G D E T I U K N R U N I S M W L P R F O J J E P W W E T S F A
      T R Y A E E U K A G M N E P C I A C L H B S M X V F O I D O M X B R
        G G B O K B F Y X Y H G U R X S S X X Y L W A U U N S Y C L R H M
        N P G S J D R S S J M U P M W D A E D Y I Y I N L Q T C T U
          T F J G F E W T J L N B R Z N N G T X A L W L D B P X
            O N T F Q H Z X O T Q H G N D T Y D D M A V P Y K U
          I S R C Q F Y B P M S O H B P E A C D T Q F D X
            S T N R R D G A R D E P P D V A G Y U D
            K W N M Q Y L H Q N J K A N T T
              Q B W Q V H G P O A
```

## WORD LIST:

BMW

BYRON NELSON

DEAN DELUCA

FRANKLIN TEMPLETON SHOOTOUT

JOHN DEERE CLASSIC

MEMORIAL TOURNAMENT

PRESIDENTS CUP

PUERTO RICO OPEN

SAFEWAY OPEN

SHRINERS OPEN

US OPEN

WELLS FARGO

WORLD GOLF

# More PGA Tour

Due to space constraints, tournament names have been shortened.

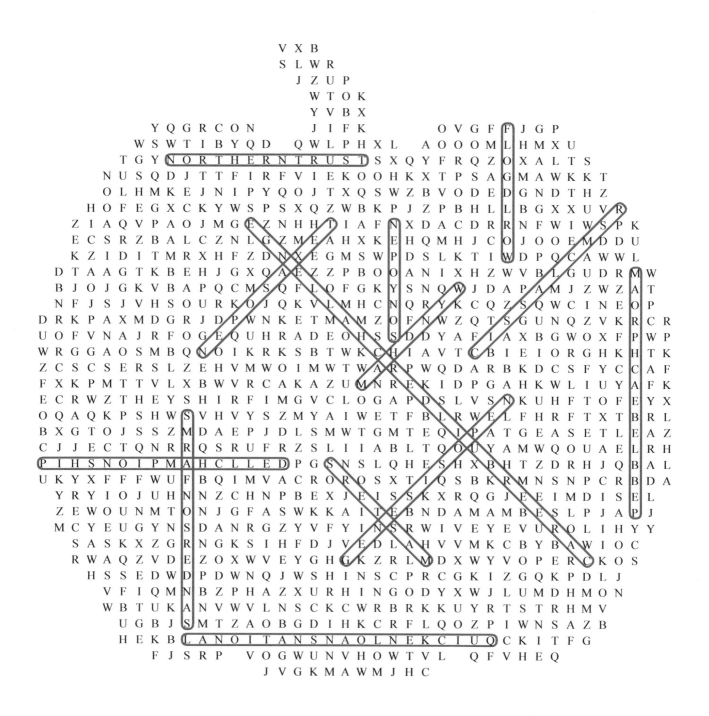

## WORD LIST:

CAREERBUILDER CHALLENGE

DELL CHAMPIONSHIP

GENESIS OPEN

MASTERS

NORTHERN TRUST

PEBBLE BEACH PRO AM

QUICKEN LOANS NATIONAL

RSM CLASSIC

SANDERSON FARMS

SONY OPEN

TEXAS OPEN

WORLD GOLF

WYNDHAM

# One More PGA Tour

Due to space constraints, tournament names have been shortened.

```
      E C S Y X I                        M Y I A Z J
      H W U B R Y F V E Q                Z H G R K U L J D K
    W Y C B Z P T K Q F A Q            I J U B U G C F T Q E T
      E X B W J K K G M E H N Q        B O G J R G R J B I F L W
      M T S H F I O L D Z E O H        A H F I G I M F S V C W R
      E B E O R T P X P Z L X          D S N T G Y C Z R F Y G H
  P K J L   F E W R M J H O B W R T    S P D O B Q E H I F I G   G R X Q
  I Y R X R N   E L J I T S K K V H K    L P W U G X R C C Q I   H U C N Z T
  C U Y L J P J S L J R R Y T O F V O    C J B R D H W Y A L Q L N R S T K S
  I I K Q Y P P J N R W E R U I A M Q M    Z F B N O J W I N V A T W M N T I Q L
  H K H G J I G S J C M K X N E V W D O    G O D A S R H R W A G S W I T P Q J X
  R J H F B H R L B R B T Z Y K S U Y K    L F X M C J B C M M S M S Z A C A N K
  N K K H T L N C A Y Z O O W D Z U W N    G F Y E F S G Y O P P Z F I N Y A I M
  G J D H Q Y S F I V D A T M D M L Z L    E N Y N I L Z A Q A P L O H C C B V W
  V B M F U N S Q F S M C Y L H B R L X K F A S R T D J X F Q K U P H N E B Z Q F
  T K R C I V Z F U S T V A L S P A R C T H C G O Q G Z N S C S Q C F X E K A
  V Z U I P U E Q V B A P G G F H T I Y B V F D F J O S A W E M H K X B O N U
  X M F C E X N H J X L N I R Z M J C B Z D S C W L K P M P K U L A Z K J
  J L Q W A S N J B E C W I B P M Z O J A V H P B Y U R F B L C E H K
              R C T Z W Y P A T H A A
              L E Y Q M K E Z B J M P
  B K Z Z N K P H T Y A G W I H T D N O B U P S H L J P U E O Z Z N Y
  D L F W T Z M G F D S M O K B R M L I M S P I W I A G O U S W O Q L Z X
  Q G L I O S R F P J S H L R Z E F A D M O D O P O U Z P K E Q F D L R
  N J U G R Z J Y O I H Q E B D L L Q N X S U B N J F B S J Q V S Z P X P M K
  N J Z Q I L T R E C O A I L J B Q U Y Q E J J H S N E P O N A I D A N A C C B R
  W J V R G D B F W S Z E Q Y R G G K B E O L Y D F E V W A W I Q C F C A F B
  X Q S T Q G B M B W C R K Y O E B K N I R O P I N E E I V L D P F I C U K Y
  R O H N H O N T Q S O D K Z O W A R X I N G C V P A J K G Z J X S O L W W P
  E E G N E L L A H C D L R O W O R E H Z I S Q H I B E O M R H S P S T R K Y
  P T K E D F A K Q E O L Z X M H B T T D I S Y X E F Q Z P E A B F B F B K S
  G W T H V L G J E G C Q V M B A O D V V N P V J E N A C L Y W E H V U A
  B W G B S N   I U D T A E X N S L T I Y J I U V P N S C O   D M G Z H
    C N Q F   O V M L M G L Q L O F N O W G D W R B P L W E M   N P L
      N O Q U R Z R Y J C L U U      A R K F N U G H T V L P F
      F E I R Z G T R G F W S N      E M A E W O O L H F W I Z
      C U S K A E K H V O X H V      F F O J E T T N R U F M Y
      T F Q D M R G J D H X F        E G V G Q P V A E T Z J
      Q O V B P Z W C S A            M E L Q E O E K T G
      O L J Q G O                    B A T W G U
```

## WORD LIST:

BARBASOL

CIMB CLASSIC

FARMERS OPEN

GREENBRIER CLASSIC

HERO WORLD CHALLENGE

OHL CLASSIC

OPEN

RBC CANADIAN OPEN

TOUR

TOURNAMENT OF CHAMPIONS

VALSPAR

WORLD GOLF

ZURICH CLASSIC

# Speaking of Golf

### Fill in the word that matches its meaning.

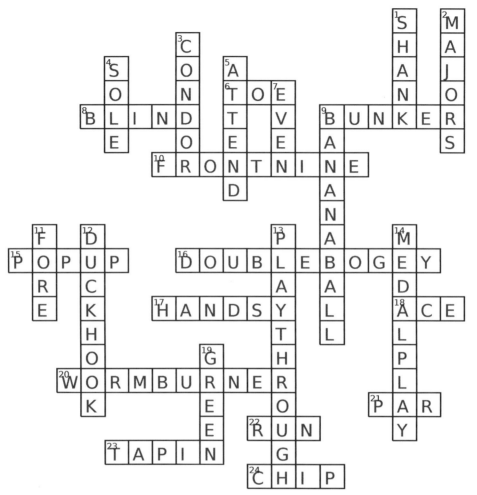

Across

6  The far end of a club-head
8  When a golfer cannot see where the ball will land
9  Also called a sand trap
10 First nine holes of an 18 hole golf course (2 Words)
15 Also known as sky shots (2 Words)
16 Two strokes over par (2 Words)
17 Too much wrist movement in a swing
18 A hole in one
20 A remarkably low-hit shot (2 Words)
21 Standard score for a hole
22 The distance the ball travels once it lands
23 A ball that stops very close to the hole (2 Words)

Down

1  Hitting the ball off the hollow part of the club-head
2  The most prestigious golf tournaments
3  A four-under par shot
4  The part of the golf club that rests on the ground in playing position
5  Hold and remove the flag-stick for another player
7  A score equal to par
9  An extreme slice (2 Words)
11 A warning shout
12 A severe low hook that barely gets airborne (2 Words)
13 Allow a faster-moving group to pass a slower-moving group (2 Words)
14 Player with the fewest strokes wins (2 Words)

# Speaking of Golf Too

## Fill in the word that matches its meaning.

**Across**

5   An overly spun draw
7   A swing that results in the club hitting the ground before the ball
8   Small peg placed in the ground prior to the first stroke on a hole
11  Three strokes over par (2 Words)
12  A short, quick putting stroke
13  One stroke under par
14  The ball strikes a tree and bounces out onto the fairway (2 Words)
15  Tendency to twitch during the putting stroke
17  A chunk of earth displaced during a stroke
21  A shot that curves slightly to the right
22  When the ball is at least halfway into the earth (2 Words)
23  Person who demonstrates little to no golf etiquette

**Down**

1   Final part of a swing after the ball has been hit (2 Words)
2   Three strokes under par (2 Words)
3   A golf swing that completely misses the ball (2 Words)
4   A horrible shot
6   Last 9 holes of an 18 hole course (2 Words)
7   Person who carries the clubs and offers advice
9   A severe hook
10  Scoring a birdie or better on all 18 holes (2 Words)
16  Moving the marker when it's in the way of another player's putt
18  A do-over without counting the shot as a stroke
19  One stroke over par
20  Disk used to mark the position of a ball on the green
22  A shot played on the green

# More Speaking of Golf

## Fill in the word that matches its meaning.

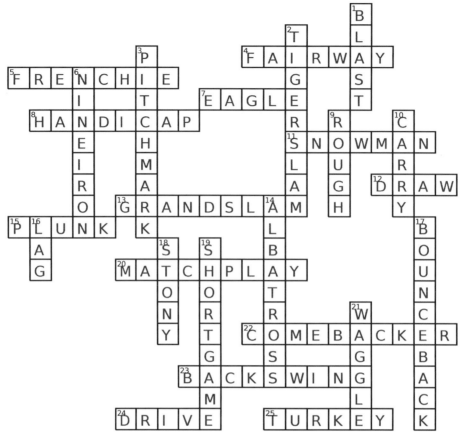

**Across**

4 Area between the tee and the green

5 Hitting a ball that ricochets off a tree and back onto the fairway

7 Two strokes under par

8 Number used to adjust the score to provide equality among players

11 Scoring an 'eight' on any single golf hole

12 A shot that curves to the left

13 Winning all major competitions in the same calendar year (2 Words)

15 The ball is on the edge of a lake or water hazard

20 Players compete on a hole-by-hole basis (2 Words)

22 A putt required after the previous putt missed the hole (2 Words)

23 First part of the golf swing (2 Words)

24 First shot of each hole

25 Three consecutive birdies during one round

**Down**

1 A shot from a sand trap

2 Winning 4 major championships but not in a calendar year (2 Words)

3 Divot on the green caused when a ball lands (2 Words)

6 Club used for short distance shots (2 Words)

9 grass on the edge of a fairway

10 How far the ball travels through the air

14 Three strokes under par

16 Long putt that is intended to get the ball close to the hole

17 Scoring a birdie or better immediately after a bogey or worse (2 Words)

18 Shot that lands close to the flagstick

19 Includes putting, chipping, and pitching (2 Words)

21 A pre-shot routine

# Well Known Golf Courses

Fill in the state where the golf course is located.
Duplicate answers are possible.

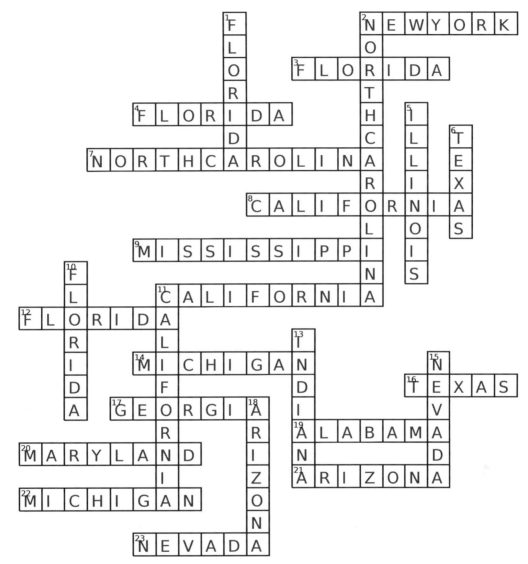

**Across**

2  Niagara Frontier Country Club (2 Words)
3  Waldorf Astoria Golf Club
4  El Campeon Course
7  Scotch Hall Preserve (2 Words)
8  Yocha Dehe Golf Club
9  Grand Bear Golf Course
11 Ojai Valley Inn & Spa
12 Pine Barrens Course
14 Bedford Valley Golf Course
16 Twin Lake Golf Course
17 King & Prince Beach & Golf Resort
19 Gunter's Landing Golf Club
20 Maryland National Golf Club
21 Stadium Course

**Down**

1  Candler Hills Golf Club
2  Cedarbrook Country Club (2 Words)
5  Blackstone Golf Club
6  Palmer Course at La Cantera
10 The Club at Eaglebrooke
11 Rams Hill Golf Club
13 Royal Hylands Golf Club
15 Snow Mountain Course
18 Oakcreek Country Club

# Well Known Golf Courses Too

Fill in the state where the golf course is located.
Duplicate answers are possible.

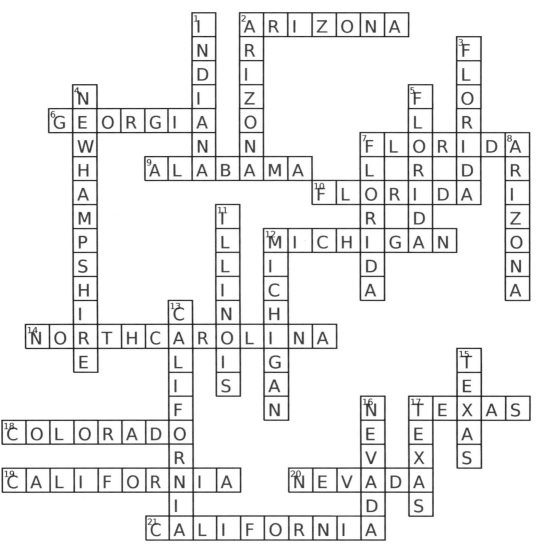

**Across**
2 Sewailo Golf Club
6 Brasstown Valley Resort Golf Course
7 New Course at Grand Cypress Resort
9 FarmLinks at Pursell Farms
10 Hideaway Country Club
12 Stonegate Golf Club
14 Cross Creek Country Club (2 Words)
17 Wolfdancer Golf Club
18 Pole Creek Golf Club
19 Maderas Golf Club
20 TPC Las Vegas
21 Black Horse Golf Course

**Down**
1 Trophy Club
2 Copper Canyon Golf Club
3 St. James Bay Golf Club
4 Canterbury Woods Country Club (2 Words)
5 Tranquilo Golf Club
7 Golf Club at North Hampton
8 Verrado Golf Club
11 Stonewall Orchard Golf Club
12 Hawk Hollow Golf Course
13 Aviara Golf Club
15 Delaware Springs Golf Course
16 Sun Mountain Course
17 Wilderness Golf Course

# Where Are They From?

Name the state or country these Hall of Famers are from. Duplicate answers are possible.

Across
3   Ayako Okamoto
5   Pat Bradley
6   Carol Mann (2 Words)
9   Betsy King
10  Louise Suggs
13  Glenna Collett-Vare
14  Patty Berg
15  Amy Alcott
16  Kathy Whitworth
17  Babe Zaharias
18  Joyce Wethered

Down
1   Nancy Lopez
2   Betty Jameson
4   Betsy Rawls (2 Words)
7   JoAnne Carner
8   Patty Sheehan
11  Dinah Shore
12  Dorothy Campbell
13  Mickey Wright

# Where Are They From?

Name the state or country these Hall of Famers are from. Duplicate answers are possible.

**Across**

3  Judy Rankin
4  Sandra Haynie
7  Hollis Stacy
8  Pak Se-ri (2 Words)
12  Juli Inkster
13  Meg Mallon
15  Donna Caponi
16  Marlene Streit
17  Hisako Higuchi
18  Annika Sorenstam

**Down**

1  Lorena Ochoa
2  Karrie Webb
5  Judy Bell
6  Beth Daniel (2 Words)
9  Carol Semple
10  Marilynn Smith
11  Marlene Hagge (2 Words)
14  Laura Davies

# LPGA Tournaments

Fill in the state or country where the tournament is located. Duplicate answers are possible.

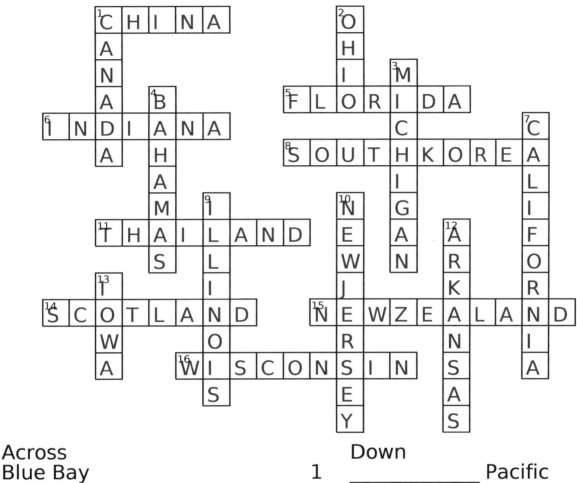

Across

1 Blue Bay
5 CME Group Tour Championship
6 Indy Women in Tech Championship
8 KEB Hana Bank Championship (2 Words)
11 Honda LPGA _____
14 Aberdeen Asset Mgmt. Ladies _____ Open
15 MacKayson _____ Women's Open (2 Words)
16 Thornberry Creek LPGA Classic

Down

1 _____ Pacific Women's Open
2 Marathon Classic
3 LPGA Volvik Championship
4 Pure Silk
7 Kia Classic
9 KPMG Women's PGA Championship
10 U.S. Women's Open (2 Words)
12 Walmart Northwest _____ Championship
13 Solheim Cup

# LPGA Tournaments Too

Fill in the state or country where the tournament is located. Duplicate answers are possible.

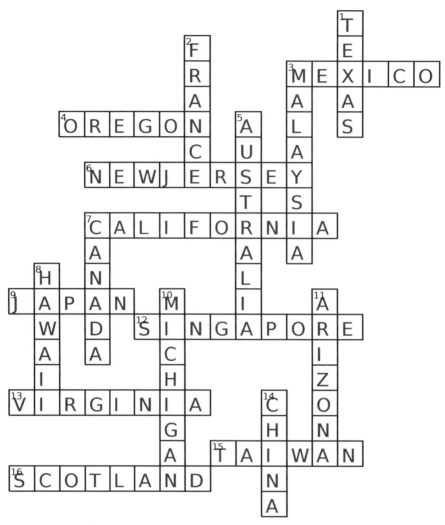

**Across**

3 Citibanamex Lorenz Ochoa Match Play
4 Cambia Portland Classic
6 ShopRite LPGA Classic (2 Words)
7 Ana Inspiration
9 Toto _____ Classic
12 HSBC Women's Champions
13 Kingsmill Championship
15 Swinging Skirts LPGA _____ Championship
16 Ricoh Women's British Open

**Down**

1 Volunteers of America _____ Shootout
2 Evian Championship
3 Sime Darby LPGA _____
5 ISPS Handa Women's _____ Open
7 Manulife LPGA Classic
8 Lotte Championship
10 Meijer LPGA Classic
11 Bank of Hope Founders Cup
14 Alisports Reignwood

# Where Are They From?

Name the state or country these Hall of Famers are from. Duplicate answers are possible.

Across
3   Ian Woosnam
4   Craig Wood (2 Words)
7   Dwight Eisenhower
10  Ken Schofield
11  Doug Ford
12  Herbert Wind
13  Phil Mickelson
14  Mark O'Meara (2 Words)
19  Lanny Wadkins
24  A.W. Tillinghast
25  Masashi Ozaki
26  Colin Montgomerie
27  Henry Longhurst

Down
1   David Graham
2   Sandy Lyle
4   Davis Love III (2 Words)
5   Ken Venturi
6   Jock Hutchison
8   Frank Chirkinian
9   Ernie Els (2 Words)
10  Jose Maria Olazabal
12  George H.W. Bush
15  Denny Shute
16  Pete Dye
17  Willie Park Jr.
18  Bob Charles (2 Words)
20  Fred Couples
21  Peter Alliss
22  Christy O'Connor
23  Dan Jenkins

# Where Are They From?

Name the state or country these Hall of Famers are from. Duplicate answers are possible.

**Across**
2  Ben Crenshaw
7  Henry Picard
8  Greg Norman
9  Karsten Solheim
10  Nick Price (2 Words)
11  Allan Robertson
13  Mark McCormack
14  Leo Diegel
16  Neil Coles
19  Larry Nelson
21  Vijay Singh
22  Bernard Darwin
23  Tony Jacklin
24  Charles Macdonald

**Down**
1  Charlie Sifford (2 Words)
2  Harvey Penick
3  Tommy Bolt
4  Kel Nagle
5  Bernhard Langer (2 Words)
6  Isao Aoki
11  Willie Park Sr.
12  Curtis Strange
14  Payne Stewart
15  John Jacobs
16  Michael Bonallack
17  Hubert Green
18  Alister MacKenzie
20  Tom Kite

# Where Are They From?

Name the state or country these Hall of Famers are from. Duplicate answers are possible.

**Across**

5 Bob Hope
6 Lee Trevino
7 Harry Cooper
8 Henry Cotton
10 Lloyd Mangrum
12 Walter Travis
15 Julius Boros
17 Raymond Floyd (2 Words)
19 Johnny Miller
20 Bob Harlow
21 Horton Smith
24 Chi Chi Rodriguez (2 Words)
25 Seve Ballesteros
26 Deane Beman (2 Words)
27 Ralph Guldahl
28 Peter Thomson

**Down**

1 Nick Faldo
2 Jimmy Demaret
3 Lawson Little (2 Words)
4 Tom Watson
7 Jim Barnes
8 Robert Jones
9 Gene Littler
11 William Campbell (2 Words)
13 Cary Middlecoff
14 Paul Runyan
16 Richard Tufts
18 Hale Irwin
22 Roberto De Vicenzo
23 Jack Burke Jr.

# Where Are They From?

Name the state or country these Hall of Famers are from. Duplicate answers are possible.

**Across**
5. Herbert Graffis
8. Walter Hagen (2 Words)
9. Willie Anderson
12. Joseph Dey
13. Chick Evans
15. Bing Crosby
16. Bobby Locke (2 Words)
17. Fred Corcoran
18. John Taylor
19. Gary Player (2 Words)
22. Francis Ouimet
23. Byron Nelson
24. Clifford Robertson
25. Old Tom Morris

**Down**
1. John Ball
2. Jerome Travers (2 Words)
3. Bobby Jones
4. Arnold Palmer
6. Sam Snead
7. Young Tom Morris
10. Harry Vardon (2 Words)
11. Billy Casper
14. Jack Nicklaus
16. Donald Ross
18. Harold Hilton
20. James Braid
21. Gene Sarazen (2 Words)
23. Ben Hogan

# PGA Tournaments

Fill in the state or country where the tournament is located. Duplicate answers are possible.

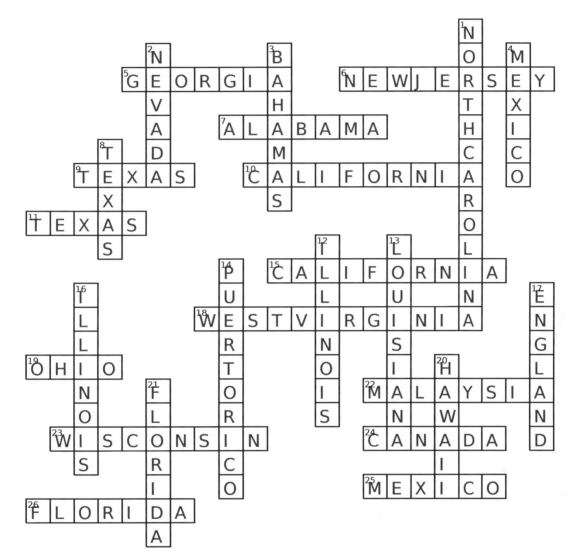

### Across
5. Tour Championship
6. Presidents Cup (2 Words)
7. Barbasol Championship
9. AT&T Byron Nelson
10. Safeway Open
11. Dean & DeLuca Invitational
15. Farmers Insurance Open
18. Greenbrier Classic (2 Words)
19. Memorial Tournament
22. CIMB Classic
23. U.S. Open
24. RBC Canadian Open
25. OHL Classic
26. Valspar Championship

### Down
1. Wells Fargo Championship (2 Words)
2. Shriners Hospital for Children Open
3. Hero World Challenge
4. World Golf Championship
8. World Golf Championship - Dell
12. John Deere Classic
13. Zurich Classic
14. Puerto Rico Open (2 Words)
16. BMW Championship
17. Open Championship
20. SBS Tournament of Champions
21. Franklin Templeton Shootout

# PGA Tournaments Too

Fill in the state or country where the tournament is located. Duplicate answers are possible.

**Across**

6. Masters Tournament
8. Wyndham Championship (2 Words)
9. Barracuda Championship
11. Dell Technologies Championship
15. Quicken Loans National
16. World Golf Championship
18. World Golf Championship - Bridgestone
19. Valero _____ Open
20. Travelers Championship
22. CareerBuilder Challenge
23. Waste Mgmt. _____ Open
24. AT&T Pebble Beach Pro-Am
25. Players Championship

**Down**

1. ISPS Handa World Cup of Golf
2. RSM Classic
3. Shell Houston Open
4. RBC Heritage (2 Words)
5. FedEx St. Jude Classic
7. PGA Championship (2 Words)
8. Northern Trust (2 Words)
10. Honda Classic
12. Genesis Open
13. Arnold Palmer Invitational
14. Sanderson Farms Championship
17. CVS Health Charity Classic (2 Words)
21. Sony Open

# Matching Answers

| Caddies | Caddies Too | More Caddies | And More Caddies |
|---------|-------------|--------------|------------------|
| a | a | f | b |
| b | d | d | h |
| c | b | a | i |
| k | k | b | j |
| l | e | j | c |
| a | c | c | f |
| e | a | k | a |
| i | i | a | e |
| m | d | d | g |
| j | j | i | b |
| d | b | h | d |
| b | h | f | a |
| g | a | g | l |
| a | g | a | k |
| c | f | e | j |
| h | l | b | e |
| f |  |  |  |

| Still More Caddies | Caddies Continued | One More Caddies | Women HOF |
|--------------------|-------------------|------------------|-----------|
| b | b | b | h |
| i | c | f | f |
| c | i | j | j |
| a | a | a | e |
| e | e | i | c |
| j | h | k | p |
| h | l | b | k |
| g | j | e | i |
| d | g | h | a |
| b | d | d | d |
| a | b | c | q |
| k | a | a | m |
| f | f | g | b |
| l | k | l | o |
| j | j | k | g |
| e | e | m | n |
|  |  |  | l |
|  |  |  | a |
|  |  |  | c |

| Women HOF Too | LPGA | LPGA Too | Men HOF |
|---|---|---|---|
| j | c | f | d |
| a | k | i | n |
| e | h | b | b |
| i | b | g | m |
| d | i | d | f |
| k | c | j | e |
| h | e | h | j |
| f | d | b | o |
| p | j | a | h |
| i | e | a | l |
| n | g | h | a |
| g | f | e | k |
| o | a | g | i |
| l | j | e | c |
| m | h | i | p |
| c | f | f | g |
| b | k | c | a |
| a | f | | |

| Men HOF Too | More Men HOF | And More Men HOF | Still More Men HOF |
|---|---|---|---|
| m | b | h | k |
| b | c | l | i |
| f | f | g | o |
| e | h | d | q |
| j | k | a | h |
| c | m | e | c |
| n | n | j | n |
| h | p | i | a |
| a | l | c | p |
| k | a | k | j |
| l | g | o | l |
| o | d | n | d |
| p | e | a | g |
| g | i | f | b |
| a | j | b | e |
| i | a | m | f |
| d | o | p | m |

| Men HOF Continued | One More Men HOF | PGA | PGA Too |
|---|---|---|---|
| o | c | c | e |
| j | h | e | i |
| c | e | b | a |
| i | n | g | f |
| d | g | h | b |
| h | p | i | l |
| e | j | a | g |
| g | b | j | k |
| q | f | f | h |
| b | d | l | c |
| l | o | k | d |
| n | a | d | j |
| a | m | a | g |
| k | k | f | k |
| f | i | i | f |
| p | l | c | c |
| m |  | e | h |
|  |  | h |  |

More PGA

b
h
g
e
i
f
g
j
a
c
k
f
d
b
j
c
d

# *Find more books by Emily Jacobs for your enjoyment:*

## Sports Word Searches and Scrambles
Word Search and Word Scramble Puzzles
*All About Football*

## Sports Word Searches and Scrambles
Word Search and Word Scramble Puzzles
*All About Basketball*

## Sports Word Searches and Scrambles
Word Search and Word Scramble Puzzles
*All About Baseball*

## Sports Players from Pennsylvania
Famous Athletes Word Searches and Other Puzzles

## Sports Players from Virginia
Famous Athletes Word Searches and Other Puzzles

## Football Word Search and Other Puzzles
Football Players from Ohio 1920 - 2014

## Football Word Search and Other Puzzles
Football Players from California 1920-1990

# Football Word Search and Other Puzzles
Football Players from California 1991-2014

# Missouri Sports Figures
Word Search Puzzles and More about Missouri Athletes

# Word Search Fun with Football Players from California

# Enjoyable Geography Lessons
Word Searches About All 50 States and Their Symbols

# Arkansas Word Search – Word Search and Other Puzzles
About Arkansas Places and People

# Colorado Word Search – Word Search and Other Puzzles
About Colorado Places and People

# Missouri Word Search – Word Search and Other Puzzles
About Missouri Places and People

# Ohio and Its People
Ohio State Word Search Puzzles and more

# Pennsylvania Word Search – Word Search and Other Puzzles
About Pennsylvania Places and People

South Carolina Word Search – Word Search and Other Puzzles About South Carolina Places and People

Virginia Word Search – Word Search and Other Puzzles About Virginia Places and People

Washington Word Search – Word Search and Other Puzzles About Washington Places and People

Animal Word Search - Pet and Farm Animal Themed Word Search and Scramble Puzzles

Cars Then and Now - A Word Search Book about Cars (American and Foreign)

Cars Then and Now - A Word Search Book about Cars (American)

Cars Then and Now - A Word Search Book about Cars (Foreign)

Bible Word Search (Old and New Testament)

New Testament Word Search

Old Testament Word Search

Everything Woodworking – A Fun Word Search Book for
Woodworkers

Word Puzzle Fun for Fishermen – Word Searches,
Crosswords, and More

Food for Fun - A Food Themed Word Search and Word Scramble
Puzzle Book

Fun With Movies - Word Puzzles of Favorite Kid's Movies

Heroes in America – Word Search Puzzles of People
In Our History

Mandala Design Duets to Color
An Adult Coloring Book of Fun Mandala Patterns

Introducing You!
Self-Journal Questions to Get to Know Yourself


# And for the little ones in your life:

Letters and Animals Coloring Fun

Made in the USA
Las Vegas, NV
17 March 2022